田原総一朗　百田尚樹

愛国論

WANIBUNKO
39393

はじめに

私はジャーナリストであり、言論の自由というものを守らなければならないと強く思っている。そして言論の自由というのは、なかなか難しいと考えている。

私は、小学校5年生の8月に、昭和天皇の玉音放送を聞いた。日本が終戦を迎えたのである。

2学期になって学校に行くと、教師と校長も1学期までとは全く違うことをいった。1学期までは、日本の戦争は聖戦で、侵略国である米・英を倒してアジアの国々を独立させるのだと強調していたのだが、2学期になると、実は日本の戦争が侵略戦争だったといいだしたのだ。そして1学期までは英雄であった東條英機などが戦犯として次々に逮捕された。

私は子供心に、大人たちがもっともらしい口調でいうことは信用できない、そして国家も国民を騙すものだと思った。これが私の原点である。

後になってから、日本が敗れる戦争を引き起こしたのは、つきつめていえば言論の自由がなかったためだと捉えるようになった。

だから、私は最後まで戦争に反対した共産党に畏敬の念を持ち、世界はいずれ社会主義になると考え、ソ連こそ理想の国なのだと思っていた。

だが、１９６５年に世界ドキュメンタリー会議に出席するためにモスクワに行き、ソ連には言論・表現の自由が全くないことがわかって愕然とした。大失望した。しかし、そのことを帰国していえなかった。いったら、私はパージされていたはずである。日本のマスメディアは完全に心情左翼だったからだ。

つまり、日本にも本当の意味での言論の自由はなかったのだ。

だが、ソ連に大失望したことで、いつかはきちんというべきだとは思っていた。随分遠くなったが、１９７６年に、その機会がやって来た。当時、日本のマスメディアは、朝日新聞はもちろん、読売新聞、産経新聞まで、北朝鮮こそが理想の国であり、韓国は地獄のような国だと信じていた。ところが、私が信用していたエコノミストから、韓国は、政治は独裁だが、経済は大きく伸びていると聞いた。私は好奇心旺盛なので、韓国に飛んで10日ばかり取材した。青瓦台《せいがだい》（韓国の大統領官邸）で何人もの高官にインタビューし、いくつもの企業を取材した。現場の従業員たちにも少なからず会った。そして、経済発展が予想よりすさまじいことも確認した。

会った誰もが元気であった。そこで、『文藝春秋』で、そのことをレポートした。すると非難が殺到した。少なからぬメディアで、田原はKCIA（秘密諜報機関の韓国中央情報部）から金を貰い妓生《キーセン》を抱かされて書いたのだ、と決めつけられた。また、あちこちで私の糾弾集会が開かれた。だが、私は積極的に出席して論争した。

1年半後には、私が書いたことが日本でも常識となったのだが、言論の自由とは難しいものだと痛感した。

1987年に『朝まで生テレビ！』をはじめた頃も、まだ左翼の時代であった。西部邁氏や渡部昇一氏などに、悪役となることを前提に出演していただいた。言論の自由とは難しい。この時代に、もしも百田尚樹氏を存じあげていたら、強引にでも出演をお願いしていたと思う。

その百田氏との対談は、とても楽しかった。『永遠の0』を読んで作家としての目は信頼しており、予想以上の刺激をいただいた。

だが、2016年の夏、由々しき事実を知ることになった。

フランスの首都パリに本部のある「国境なき記者団」というNGOが2016年4月に世界180カ国を対象に「報道の自由度ランキング」を発表した。イギリスが38位、アメリカが41位、フランスが45位、韓国でさえ70位である。

このNGOが日本に偏見を持っているわけではない。2010年、鳩山内閣のときに日本は11位、野田内閣の12年には22位であった。ところが、安倍内閣になった13年に53位まで急落し、以後、59位（14年）、61位（15年）、そして72位と順位を落としているのである。

実は、国境なき記者団の発表があったのと同じ時期に、表現の自由に関する国連特別報告者でカリフォルニア大学アーバイン校教授のデービット・ケイ氏が来日した。ケイ氏は少なからぬジャーナリストたちに聞き取り調査をし、「日本の報道機関の独立性が深刻な脅威に曝されていることを憂慮する」と表明しているのである。

たしかに、ここに来て新聞、とくにテレビに無難な番組がふえている。政府筋から批判されたいくつもの番組の内容が大きく変わった。

私は、もちろん左翼ではなく、リベラルですらないが、言論の自由のために頑張らなくてはならないと、自分に念押しをしている。

田原総一朗

目次

第2章 なぜ自虐史観が蔓延してしまったのか

━団塊の世代や全共闘世代は「左翼」が流行のファッション

━共産主義は一神教に近い。だから、恐ろしい粛清をしてしまう

━対米従属で経済的に成功し、そこそこいい思いをしてきた

━「シベリア抑留なんて昔のことを聞かれても困る」とゴルバチョフ

━南京虐殺は、あったのか？　なかったのか？

━非戦闘員や捕虜の死者が1000人でも「なかった」とはいえない

━中国兵も日本兵も、一般人に乱暴狼藉を働いていた

━東京大空襲や原爆投下に怒らないのも自虐思想では

━「真珠湾攻撃は騙し討ち」というが、アメリカが騙されたふりをした

━太平洋戦争をやりたかったのは、日本でなくアメリカだ

━70年もの間、戦後、戦後といい続けてよいのか

━A級戦犯を事後法で裁いた極東軍事裁判は、インチキ裁判か

━A級戦犯たちは、自ら罪を買って出たのか

━1985年より前は、中国は首相の靖国参拝を問題視していない

━天皇はなぜ、靖国神社に行かないのか

━B・C級戦犯は祀っていい、A級戦犯はダメという理屈が成り立つか

━首相の靖国参拝が、中国にとって使えるカードになった

━憲法前文に書いてある前提が、間違っている

━憲法を改正して、第9条に「侵略戦争はしない」と書けばよい

━言霊の国では、平和平和と唱えれば平和になるのか

第3章

韓国とどう付き合えばよいか

第4章

中国とどう対峙するべきか

中国トップのメンツを丸つぶしにした尖閣諸島の国有化

中国外交トップと会った外務副大臣と外相・首相が大げんか？

「常時駐留なき安保」を掲げた鳩山由紀夫が、中国をつけあがらせた

「今後は歴史認識を持ち出さない」といった中国人ジャーナリスト

戦後日本の領土を決めたそもそもは43年の「カイロ宣言」

尖閣諸島の帰属に微妙な点はある。「時効」の問題も難しい

南シナ海では、中国はやりたい放題だ

アメリカは「尖閣諸島は日米安保第5条の範囲内」と繰り返し強調

尖閣諸島で、米軍は自衛隊を助けてくれるのか

中国は、原潜を世界の海に配備して、核報復能力を備えたい

海軍力は海上自衛隊のほうが上。対潜水艦戦能力は世界トップ

高度成長の終焉とネットの普及が、中国のかかえる大問題

国内問題が難しいから、外に向かって強く出る

多民族国家の中国をまとめるには、共産党独裁しかない

情報戦争には勝つべきだが、同じ土俵まで下りてはならない

日中首脳会談を開いて関係改善

尖閣諸島は、ダラダラと交渉していればいい

第5章

朝日新聞は「反日」なのか

- 戦前の反省から権力を批判。権力者の仲よしも批判の対象
- 反権力のために捏造も辞さない。その姿勢が気にくわない
- 朝日新聞は歴史を知らず、現在の出来事も知らない
- 歴史を知らないにもほどがある
- 14年8月5日、吉田清治証言に基づく記事を32年ぶりに取り消した
- 朝日新聞の8月5日の検証記事には、問題が多すぎる
- 福島第二「吉田調書」の誤報にかこつけた、形だけの謝罪
- 秦郁彦の現地調査を無視した理由

- 事実より「キャンペーン」重視。だから裏を取らない
- 朝日には「捏造体質」がある。典型がサンゴ記事捏造事件だ
- 朝日新聞は、日本をよくしたいのか、日本を貶めたいのか
- 朝日新聞から提案や対案が出てこない理由
- 吉田調書の大誤報で、福島第一原発は「第二のセウォル号」に
- 朝日新聞の記者は、想像力があまりにも欠如している
- なぜ吉田調書記事は謝罪して、吉田証言記事は謝罪しないのか
- 朝日の大きな欠陥は、優等生ばかりが集まりすぎていることだ
- なぜ、朝日新聞の捏造記事だけがダントツに多いのか
- ネットのおかげで反朝日的な意見に触れることができた

構成 坂本衛

本書は、2014年7月10日、7月16日、7月21日、10月8日の計4回、東京ならびに大阪で行われた対談を基に構成・編集したものである。（編集部）

序章

『永遠の0』をめぐって

50歳を機に、放送作家と異なる人生を歩こうと思った

田原 百田さんがお書きになった『永遠の0』を読んで、僕はたいへん感動しました。戦争という問題をここまで掘り下げて書き、しかもどんどん引き込まれていく小説には初めて出あった、という感じです。

百田 ありがとうございます。太平洋戦争の主に海軍の戦いを書きました。参考資料とするために、戦争について書いた本を片っ端から読むことから始めたんです。ところが、戦争の専門書はたくさんあっても、全体を通して書かれた本は意外に少ない。戦記物は、個々の戦いに関しては非常に詳しく書いてあります。でも、それぞれの戦いが全体のなかでどんな位置づけになるのか、なかなかわからないものですね。

田原 具体的は、たとえば、どういうことですか?

百田 たとえば、ガダルカナル島の戦いです。ガダルカナルはオーストラリアの北東ソロモン諸島にある島で、昭和17（1942）年8月7日に米軍が上陸し、大戦で

も有数の大激戦地となりました。このときラバウル航空隊が頑張ったんですけど、なぜ頑張ったのかとなると、ガダルカナルだけでなく周辺を全部描かんと、あかんのです。

田原　ラバウルは、パプアニューギニアに近いニューブリテン島におかれた航空基地ね。「さらばラバウルよ、また来るまでは……」と『ラバウル小唄』で歌われた。

百田　ガダルカナルでは、海軍陸戦隊、グアムから投入された一木支隊、パラオから投入された川口支隊の戦いがある。周辺の海域では、第一次・第二次ソロモン海戦もある。補給にたずさわった艦艇や潜水艦部隊もある。一つの島をめぐって、ものすごく複雑な動きや多くの戦いがあった。そんな個々の出来事が、全体としてどのようにからまり、ガダルカナルの半年の戦いが行われたのか。俯瞰できる資料が思いのほか少なく、ガダルカナルの戦いを総合的に書くのに苦労しました。

田原　昭和16（1941）年12月8日、日本軍によるハワイ真珠湾攻撃で始まった太平洋戦争は、最初のうち日本の調子がとてもよかった。緒戦は破竹の勢いで連戦連勝。しかし、17年6月のミッドウエー海戦に負け、虎の子だった空母4隻と艦載機を一挙に失った。次にガダルカナル島の戦いに負け、兵士2万人を失って撤退した。この二つが転機とされていますね。百田さんは、なぜ太平洋戦争について書こうと思ったんですか？

百田 これは個人的な思いからです。私はテレビの放送作家として、50歳までずっとバラエティ番組ばかりやってきたんです。大阪の番組の『探偵！ナイトスクープ』とか。しかし、織田信長の人間50年ではないけど、50歳になるのをきっかけに、違う人生を歩んでみようと思った。そこで小説を書こうと考え、テーマを探していたんです。

田原 若いときから、いつか小説を書きたいという考えがあったんですか？

百田 私は放送作家だけでなくディレクターもやりました。田原さんには釈迦に説法ですが、テレビの世界は、なんでもかんでも大勢でやる。私が企画して台本を書いても、映像を撮るのはディレクターやカメラマン。出演するのはタレントさんやアナウンサー。音楽やナレーションをつけるのは音声さん。それをまた別のプロデューサーが編集したり。

結局、企画して台本を書いたのは私でも、結局「俺の仕事は何パーセントやねん」という感じがあった。それはそれでみんなで作るおもしろさがある。でも一方で、自分一人でとことんやってみたかった。そうなると、ものを書くしかなかったんです。

田原　テレビは瞬間瞬間で消えていくメディア。紙ならば残るぞって気持ちは？

百田　そんな思いもありました。テープもDVDもない昔は、テレビは1回放送すればおしまいで、見逃せば永久に見ることができなかった。いまも多くの番組はそうでしょう。本は、いいものを書けばずっと書店や図書館に残る。まあ、ほんとは残らないんですけどね。いずれにせよ、同じように表現とかクリエイターとかいっても、テレビと本はまったく違います。本には、若いころからずっと憧れていました。

田原　よくわかります。僕も、もともとは小説家になりたかったんだ。

──親・自分・子どもの3世代で、戦争の話が断絶している

百田　話を戻すと、小説のテーマ探しをしていたころ、たまたま私の父親がガンで余命半年の宣告を受けた。大正13（1924）年生まれの父は大東亜戦争に行っている。

その1年前おじがやはりガンで亡くなったんですが、おじたち3人も大東亜戦争に行っている。私は「ああ、戦争に行った人たちが、歴史から消えようとしているときやなあ」と思ったんです。

田原 お父さんやおじさんから、戦争の話をよく聞いていたんですか？

百田 私が大阪で生まれたのは昭和31（1956）年。昭和20年8月15日に戦争が終わって、10年ちょっとしかたっていなかった。だから小さいときから、近所のおっさんとか、父親やおじたちからも、戦争の話をしょっちゅう聞かされていました。正月に親戚が集まると「そういやあ、あのときお前どこぞにおった？」「ビルマにおってな」とか、大阪のおばちゃんたちも「あんたら戦地におった人は知らんやろけれど、大阪の空襲はすごかったで」とかね。近所のおっちゃんおばちゃんは戦争の体験者だし、学校にも兵隊上がりの先生が大勢いた。戦争がふつうの日常会話に出てきましたね、昭和30年代というのは。

田原 昭和30年代には、防空壕跡や爆弾池なんてものが、まだあちこちにあった。新宿や渋谷のガード下には、傷痍軍人姿でアコーディオンやハモニカなんかを弾く人もいた。

百田　ところが、ハッと気づいたんです。亡くなった父親は結局、私の息子や娘には戦争の話を一言もしなかった。いとこに聞いても「うちの親父やお袋も、俺の子どもには戦争の話をしなかったなあ」という。昭和20～30年代に子どもだった私たちは、両親やおじさんおばさんから戦争の話をたっぷり聞いていた。でも、たとえば平成生まれの子どもたちは、おじいさんおばあさんから戦争の話をほとんど聞いていなかった。

田原　そうそう。僕は最近よく「おじいさんやおばあさんから戦争の話を聞いている？」と若い連中に聞くんだけど、みんな「聞いてない」「しゃべらない」っていうんだ。

百田　戦後60～70年間に、親たち世代、私の世代、子ども世代という3世代で、大きな知識の断絶が生じてしまった。そこで私は、両親やおじさんおばさんから戦争の話を受け継いだ世代として、これを下の世代に残すべき義務があるんじゃないか、と思ったんです。『永遠の0』に出てくる宮部久蔵は、ちょうど私の父親の世代なんです。

零戦パイロットたちの体験談から総合的に作ったキャラクター

田原　主人公の宮部久蔵は、とても生き生きしていて、こういう人が実際にいたのかな、と僕は思った。これは実話に近いんじゃないか、と。違うんですか？

百田　いやいや、私のフィクションです。私のアタマの中で作った人物です。ただ、アタマの中で作ったといっても、宮部久蔵という人物像を形づくるまでに、ものすごくたくさん本を読みました。とくに零戦パイロットとして戦い、生き残った人たちの話をたくさん読み、参考にして総合的に作ったキャラクターなんです。『永遠の0』を出版した直後は、まだ生き残っておられる方が大勢いました。みなさん読んで「こういう男がいた」「自分はよく知っている」とおっしゃってくださった。もう8年たって、かなり亡くなられましたけれども。

田原　宮部久蔵には、実際にいた人たちの体験や考えが織り込まれているわけか。

百田　原田要さんという長野県浅川村出身の戦闘機乗りがいらっしゃる。真珠湾攻撃にも参加して、海軍中尉で終戦をむかえた方。大正5年生まれだから98歳というご高齢です。この方にお会いしたら、『永遠の0』に付箋が山のように貼ってあった。「これは誰々のことではないか」とか、いっぱい書き込みがしてあるんです。作家冥利に尽きる、とうれしかった。そこで私は、「宮部久蔵は、原田さんご自身でもあるんですよ。原田さんのエピソードも、宮部久蔵に重ねて書かせていただきました」と申しあげました。

田原 宮部久蔵という主人公の設定は、とてもおもしろい。「必ず生きて帰る」と公言して、「臆病者」と揶揄されることもあった。慎重なうえに慎重な操縦でいつも生き残り、転戦を重ねた。しかし、最後には鹿児島の鹿屋飛行場から特攻に出撃して死ぬわけです。宮部を通して、どんなことを表現したかったんですか？

——戦争肯定でも反戦でもない。歴史に翻弄される男を描いただけだ

百田 難しいご質問ですね。「お命大事」「絶対に生きて帰ろう」というキャラクターをこしらえたとき、最後に特攻で死ぬラストだけは決めてありました。でも書き進めるうちに「あ、これは死ねない」と。ここまで命をとことん大事にする人間は、

なかなか死ねないと思ったんです、宮部久蔵が生きながらえていく一方で、戦友や、自分が教えた若い隊員たちがつぎつぎ死んでいく、彼らの犠牲のうえに宮部は生きている。だからこそ簡単には死ねない。これは国家論なんかとは全然、違う話ですけれども。

田原 僕がいちばん感動したのは、そこなんだ。中間管理職たちが若い命をムダに潰していく。どんどん殺していくわけでしょう。だから『永遠の0』は、ある意味で反戦小説的になっていく。もちろん反戦小説ではないと、わかっていますけれども。なんであんなふうに――反戦小説風に展開しようと思ったんですか？

百田 私は戦争肯定でもないし、反戦でもありません。イデオロギーとまったく関わりなしに、大きな歴史のなかで懸命にもがく一人の男を描こうとしたんです。書いていくうちどうしても突き当たったのが、戦争の不合理、非条理でした。これは、どうしてもそういう表現になってしまう。戦争って、本当に不合理で非条理なんですね。

田原 僕が小学校5年の夏休みに戦争が終わった。その瞬間まで、僕は広島県江田島の海軍兵学校に行くつもりだった。陸軍は泥臭い感じがあって、スマートな海軍に憧れてね。学校では校長や先生たちが「今次の大東亜戦争は聖戦である。アメリカやイギリスなど世界の帝国主義国が侵略したアジアの国々を解放し、独立させるための戦争だ」といっていたし、僕もそう思い込んでいた。

ところが、8月15日に敗戦になり、2学期に学校に行って驚いた。先生たちの言うことが百八十度グルッと変わったんです。「あの戦争は悪い戦争だった。戦争を始めたのも悪い連中だった」とね（笑）。

百田 よく聞く話ですね（笑）。戦争に行かない人に限って、そういうことをいう。

――『永遠の0』は、右翼からも左翼からも叩かれる

田原 そんな体験をした人間としては、百田さんの像がうまく一つに結ばないんですよ。というのは『永遠の0』を読むと、戦争の矛盾や不合理が痛いほど伝わってくる。ところが、いまの時代、「朝日新聞」的にいえば世の中は逆行している。安倍晋三という男は日本を戦前の時代に戻そうとしている、という主張があるわけです。

もちろん百田さんは、朝日新聞的な主張なんて冗談じゃない、大間違いだ、と

いっている。でも、実は僕は、百田さんは朝日新聞的になる可能性のある人だ、とすら思っているんだ（笑）。

百田　ええっ!?　まったく違いますよ。それこそ冗談じゃない！

田原　けれども、『永遠の0』を読んでいると、冗談じゃなく思えてくる。そこが非常におもしろいんだ。

百田　私は左右どちらからも叩かれるんです。右翼からは「あの戦争を、なんという描き方をするんだ」と叩かれる。左翼からは「特攻隊を賛美するのか。戦争を肯定するのか」と叩かれる。

田原　そうでしょう。そこに僕は、とても興味をもっているんです。

百田　先ほどいったように私は、個人であらがうことができない大きな歴史の渦のなかで懸命に生きた、右でも左でもない日本の若者の姿を書こうとしました。だから、右でも左でもない、というように書きました。ところが、その結果、右からは左だと思われ、左からは右だと思われる。『永遠の0』はそんな作品なんや、と思いますね。

狂言回しの若者二人は、戦争を学ぶ若い読者の代表

田原　映画の『永遠の0』は、小説とちょっと違いますね。より英雄的になっている。

百田　ええ、かなり違います。映画は相当カットされたんですけれども、現代の若い娘と片腕をなくした男が論争する部分があるんです。「戦争は絶対悪だ。みんなが逃げ回れば戦争はなくなる」と娘がいう。「じゃあ、その考えを説いて世界中を回ればいい。そうすれば戦争はなくなるだろう。人類は戦争の歴史だ」と、男がいう。

男は「戦争をなくすのは政治家の仕事。われわれ兵隊は戦うのが仕事」というんです。だから戦争に行く限りは、勝たなければいけない。主人公の宮部久蔵も同じ考えだった。自分は絶対に生きて帰る。そのためには敵を殺す。敵を殺すのが軍人の仕事だ、と。ある意味で非情な男だった。宮部が逃げる米兵を撃ち殺すシーンがありますが、戦場とはそういうものなんでしょうね。

田原　なんで最後に宮部久蔵を殺したんですか？

百田　宮部の特攻は「象徴」です。大東亜戦争で300万人以上の日本人が亡くなった。小説のなかでも多くの若者が命を失うシーンを繰り返し描いた。みんな、本当に生きたかった。けれども、戦争という歴史のなかで300万の命が潰されてしまった。そのことの一つの象徴なんです。

田原　宮部久蔵を生き証人として残す手もあったかな、と僕は思った。戦争の酷さ、矛盾や非条理を宮部に語らせる、というやり方もあったのでは。どうですか？

百田　いやいや、そこは、あえて現代の若者二人の目を通して語らせました。あの戦争で亡くなった人たちは、自分の本当の心情を吐露できないままに死んでいった。私たち後世の人間は、その気持ちを推し量る義務がある、と思うんです。だから小説では、宮部久蔵の心の中というのは、直接には一切出てこない。すべて証言者の目を通して、いまを生きる孫二人に推し量らせています。自分たちのおじいさんは何を考えていたのだろう、どれほど生きたいと思っていただろうか、と。

田原　なるほど。若者二人は、現代日本の若い読者代表でもあるんだ。

百田　宮部久蔵は、私の父親の世代。宮部は本当はどんな人だったのかと調べて回る狂言回しの若者二人は、私の子どもの世代。私は『永遠の0』で前後二つの世代を結びつけたかった。現代の若者二人が、おじいさんのことを聞いて回ると、軍人さんがみんな「俺はあのときこうやった」と自分の体験を話す。戦争のことを何一つ知らない若者二人は、おじいさんの話を聞くと同時に、戦争について初めて学ぶ。これは若い読者を想定して書いた部分があるんです。

田原　お姉さんの相手は、たぶん朝日新聞の記者ですね？

百田　ご想像におまかせします。朝日は、めちゃ怒っていると思いますけど（笑）。

――戦争はダメ、とは誰でもわかる。それを心に訴えるために書いた

田原　これは小説家・百田さんの、放送作家またはテレビ制作者的なところだろうと思うけど、『永遠の0』は場面が次から次へと展開し、見せ場や山を作って飽きさせない。とても用意周到に作り込んでいる印象を受けました。ちょっと作りすぎでは、と思った部分もあったくらいなんだ。

百田　わかります。私は、小説は基本的にエンターテインメントだと考えている小説家。

言論人やジャーナリストならば、主張したいことを論文で書けばいい。でも、小説家は、読者のアタマに訴えるよりも、心に訴えることのほうが大事だ、と思うんです。もちろんアタマに訴えることも必要ですけれども。

評論家なんかが「この小説はテーマがない」と、いったりします。たとえば「戦争は絶対にダメである」というテーマが重要だ、とかね。そんな意見を聞くと私は、だったら原稿用紙を500枚も600枚も埋めていく必要なんかない。「戦争はダメだ」と1行書けば済むじゃないか、と思います。

田原 うん、そりゃそうだ。

百田 小説が論文と違うのは、そこです。「戦争はダメだ」「愛が大切だ」「生きるとは、どれほどすばらしいか」なんて1行で書けば済むことを、なぜ500枚600枚かけて書くのか。それは心に訴えるために書くんだ。「戦争はダメ」なんて誰だってわかる。死者300万人と聞けばアタマでわかるし、悲惨な写真1枚見たってわかる。けれども、それはアタマや身体のほんとに深いところには入らない。そんな思いがあって、『永遠の0』という小説を書いたんです。

第1章

大東亜戦争とはなんだったのか

――昭和16年夏に「日本は負ける」という研究結果があった

田原　この第1章では、先の戦争について百田さんと徹底的に語り合いたいと思います。百田さんは太平洋戦争あるいは大東亜戦争を、どうとらえているんですか？

百田　こりゃまた初っ端から、大きな質問ですねえ。一言で答えようとすると、抽象的で漠然とした話になりかねない。もっと細かい具体論を積み重ねていきましょうよ。

田原　わかった。なんで日本は、ああも無謀な、負けるに決まっている戦争をしたのだろう。みんな、そういいますね。実は戦争を始めるとき、勝てると思った日本政府や日本軍の幹部は一人もいなかった。猪瀬直樹という男の書いた『昭和16年夏の敗戦』（中公文庫）というノンフィクションがおもしろい。こんな話です。

東條英機・陸軍大臣が昭和16（1941）年4月、30代の若い官僚や学者たちに「アメリカと戦争したらどうなるか研究せよ」と課題を出した。懸命にシミュレーションした彼らは、夏に東條さんに結果を報告した。「研究によれば緒戦は勝つ。石油を得るためにインドネシアも占領できる。しかし、結局は制空権・制海権をアメリカに握られ、日本は負けるだろう」と。この結論が昭和16年夏に出ていたことが、とても興味深いんだ。

百田 アメリカが石油の全面禁輸を表明したのが16年8月1日。直前の7月28日には、仏ヴィシー政権の承諾をえて、日本軍の南部仏印進駐が始まっている。仏印（フランス領インドシナ）は現在のベトナム、ラオス、カンボジアで、北部には前年9月から進駐していました。

田原 研究は前からですが、報告は石油禁輸の後です。報告を聞いた東條さんの発言が、これまたおもしろい。「君らの結論を机上の空論とはいわない。理論的には、そのとおりだろう。だが、戦争は論理ではない」といった。日本の45倍も広いロシアと戦った日露戦争（1904～05年）も、論理的には勝てる可能性などなかった。しかし、それでも勝った。戦争には「運」というものがある。「論理」じゃないんだ。われわれは、日露戦争に勝った日本の運にかけたい――と、こんな考えだったんです。

百田 だから、ほとんど博打ですよね。アメリカが石油禁輸など対日経済制裁に踏み切ると、近衛文麿首相が日米交渉を再開し、米ルーズベルト大統領との首脳会談を画策した。これも8月末にはダメになってしまった。

田原 9月6日の御前会議の前日、昭和天皇は近衛首相から『帝国国策遂行要領』の説明を受けた。第1項が対米戦争の決意、第2項が外交手段を尽くすというので、天皇は「戦争が主、外交が従であるがごとき感あり」と不満だった。そこで陸軍の杉山元・参謀総長と海軍の永野修身・軍令部総長を呼び出し、南方作戦の成算を問い質しています。

天皇は「南方は3ヵ月くらいで終了見込み」という答えに納得せず、杉山に「お前は支那事変（1937年7月の盧溝橋事件を発端とする日中戦争）のとき陸相で、すぐ片づくといった。だが、4年たってもケリがついていないではないか」といった。「中国は奥地が広いので」「太平洋はなお広いではないか」となって、言葉に詰まっちゃった。

百田 昭和天皇は御前会議で、明治天皇の御製《ぎょせい》（天皇が作った和歌）「よもの海　みなはらからと　思ふ世に　など波風の　たちさわぐらむ」を詠まれた。なんとか戦争を回避したかったんですね。

「勝つか負けるか」でなく、「やれるかやれないか」で戦争した

田原　そこで僕が思うのは、軍隊や軍人は「戦うことが可能なら戦い、戦うことが不可能なら戦わない」ということ。軍というのは、勝つか負けるかではなく、やれるかやれないかという理由から戦争を始めるものだ、と思うんです。これこそ日本が大東亜戦争を始めたきっかけだ、と僕は考えています。勝つ見込みはなかった。真珠湾攻撃を指揮した山本五十六提督も「1年半は暴れてみせる。あとは……」といったくらいでね。

百田　緒戦で叩けるだけ叩き、停戦に持ち込もう、という考えだったんでしょう。ただ、難しいのは、当時の国際状況もありますが、日本国内に限っても、昭和7（1932）年の五・一五事件や昭和11（1936）年の二・二六事件あたりから、もちろん新聞社も含めて日本国全体が「やれやれ！」ムード一色だったことです。

田原　そうそう。新聞は、朝日新聞をはじめとして全部「やれ！　もっとやれ!!」（笑）。東條さんは、帝国国策遂行要領の開戦条件だった「10月上旬に交渉のメドが立た

ない」状況で政権を投げ出した近衛さんの後をついで、10月18日に首相になった。十数年前に世田谷・用賀にある東條英機さんの家に行ったことがある。姪御さんが「ちょっと見てください」と柳行李を出してきた。行李には首相就任から開戦の12月8日までに届いた手紙や葉書が、ごっそり入っていた。全部「意気地なし」「早くやれ！」でしたよ。

百田 新聞も「腰抜け東條」「勝てる戦を何故やらぬ」と書いた。それで思い出すのが、日露戦争のポーツマス講和条約です。世論は「ロシアから莫大な賠償金を取るぞ」と勢い込んだけど、やっとこさ引き分けに近い勝ちにしたのが現実で、とても取れる状態ではなかった。ロシアが本気で徹底的にやるとなったら、日本は戦い続けることができなかったでしょう。そこをなんとか外交努力で、アメリカを仲介に立て、講和まで持ち込んだ。

田原 1905（明治38）年にロシアで第一次革命が起こったのも大きかった。

百田 血の日曜日事件が1月、黒海艦隊の戦艦ポチョムキン号の反乱が6月で、9月に講和です。日本の全権代表は外相の小村壽太郎。韓国における日本権益の承認、中国における旅順・大連の租借権と長春以南の鉄道・付属利権の譲渡、南樺太の割譲などを決めたけど、賠償金は取れなかった。ロシア沿海州の一部割譲もできなかった。

田原 だから小村は非常に評判が悪かった。それで日比谷の大暴動が起きたんだ。

「軍部の暴走」というが、マスコミも国民も軍部を煽った

百田 日比谷公園の国民大会をきっかけに、桂太郎内閣の御用新聞だった国民新聞社、内相官邸、警察署が焼き打ちにあって戒厳令まで出た。交番や派出所の7割が焼かれたというから、国民全体が怒り狂った。新聞も一斉に小村壽太郎や日本政府の弱腰を叩いた。

このあたりから、世論が一気に戦争の方向に行ったんですね。大正デモクラシーの一時期をはさんで昭和に入ると、世論の後押しを受ける形で、いわゆる青年将校たちがどんどん跋扈していく。大将・中将・少将という将官はいても、戦前から戦中にかけて実質的にいちばん権力を握っていたのは、若い佐官級や尉官級じゃないかなと思うんです。二・二六事件でも、兵を動かしたのは大尉以下でし

ょう。

田原　官僚の世界で課長や課長補佐が力を持っているのと、ちょっと似ているんだ。

百田　将官たちは、少佐や大尉あたりをけっこう怖れていた。開戦前夜には政府閣僚や軍上層部も「これはあかん」と思っていたにもかかわらず、そう言い出せば下手をすれば自分が殺られるかもしれない。そんな恐怖があったんじゃないかと思います。だから、あの戦争を起こしたのは誰なんだろう。戦後のイデオロギーでは「軍部の暴走」という。たしかに暴走したけれども、「軍部を暴走させたのは誰か？」という思いがあります。

田原　一つはマスコミですよ、軍部を煽ったのは。

百田　そうなんです。マスコミと、マスコミに踊らされた世論、国民なんです。だからマスコミと国民は同等にその罪を負うべきだ、と僕は思っているんです。

田原　ただね、ニワトリと卵じゃないけど、マスコミと国民どちらが先か。マスコミは社会の鏡で、国民の感情や意志のほうが先だ、と僕は思っています。国民が「もっとやれ」というから、新聞も「もっとやれ！」と書いたんだと思う。

情報戦略も個々の戦術も、お粗末すぎる戦争だった

田原　僕は太平洋戦争をずいぶん取材して、『日本の戦争』（小学館）をはじめ何冊も本を書きました。痛感するのは、日本の情報戦略が非常にお粗末だったことです。お粗末というか、情報戦を戦うことがまったくできなかった。有名な話で、極東軍事裁判のとき、東條さんがあまりにも情報を知らない。連合国側の検事は最初、この男は自分の罪を逃れるために情報を隠しているんじゃないか、と疑った。ところが、本当に知らないとわかって非常に驚いた。「こんなやつが首相をやっていたのか⁉」とね（笑）。

百田　いや、大きな戦略もお粗末だったけれども、個々の戦術もほんとにお粗末な戦争でした。戦争そのものが、なんであんな精神論に変わっていったのか、と思います。

田原　ミッドウエーとガダルカナルもその典型。しかし、昭和16年夏に東條さんがいった「運」というのが、そもそも精神論。最初から精神論だったんだ。

百田 日露戦争もほとんど勝ち目がなかった。しかし、このときの日本は戦術的にはすばらしい。第一に、ロシアの旅順要塞を陥落させ、旅順港を取ったのが大きかった。

田原 若い読者のために注釈をはさむと、旅順は中国・遼東半島の先っぽで、大連の隣。奥地に天津や北京が控える渤海の入り口で、中国や朝鮮半島の東側をおさえる重要拠点です。ロシアが取って太平洋艦隊をおいていたこの旅順を、日本はまず攻めた。

百田 第二に、ヨーロッパから極東に向かったバルチック艦隊を叩いた。ロシア沿海州のウラジオストックにたどり着かれたら、もう負けだと。だから、なんとしてもウラジオに入れまいと、半年前からものすごい情報戦を繰り広げた。石炭で動く船が、石炭運搬船をつれて（スエズ海峡を通る一部の小型艦を除いて）大西洋を南下し、アフリカの喜望峰を回ってインド洋に出て、マラッカ海峡からベトナム沖を北上するんですけれども……。

田原 もう疲れ切って、極東に近づいてくる。

百田 そう、疲れさせるために、日本はものすごい情報戦をやったんです。途中で寄港すると、日本のスパイが機雷を仕掛けて船を沈めるとか、暗殺を狙っているという情報を盛んに流して寄港させなかった。当時、日本はイギリスと日英同盟を結んでいた。イギリスがおさえている港に寄れなかったことも、バルチック艦隊を疲弊させました。

――日露戦争を調べれば調べるほど、太平洋戦争の愚かさが浮き彫りに

田原　これがすごいんだ。明治の日本のすごさは、日露戦争を始める2年前の1902年に日英同盟を結んだこと。おもしろいのは、伊藤博文や井上馨は日本とロシアで日露協商を結びたいと考えていた。これに対して山縣有朋や桂太郎たちは、いずれロシアと衝突するのは必至と見て日英で組もうとする。日英同盟を選択した戦略はすばらしいですね。

百田　最終的には、日本海海戦で連合艦隊が勝つんですけれども、実はそれ以前にすでに勝っていた。というのは、もうバルチック艦隊がボロボロだった。ひどかったのは、主力部隊が喜望峰を通過してマダガスカル島に寄ったとき。反乱が起こっ

て、水兵たちが逃げたんです。反乱をおさえても、メンバーが入れ替わって、これ以上無理だと。

田原　へぇ、そんなことがあったんだ。

百田　バルチック艦隊が極東に近づくと、太平洋を通るのか、最短距離の日本海を通るのか、という話になった。連合艦隊は、二手に別れて兵力を分散させるわけにはいかない。日本海で待ち伏せして、太平洋からウラジオストックに入られたら負け。太平洋で待ち伏せして、日本海から入られても負け。どっちでくるんだ。この情報戦もすごかった。

そこで九州の西方海域に漁船をたくさん配置して、どこを通るか見きわめようとした。見つけた漁船が「ここを通った！」と通報して、沈められたりしている。直前には仮装巡洋艦の信濃丸がバルチック艦隊を発見して「敵艦見ユ」と打電し、対馬近海で決戦となった。日本は「敵を知り己を知る」を、実にいろいろやっていたんです。

田原　そんな情報戦を、日本はいつ失ってしまったんだろう。

百田　日露戦争について調べれば調べるほど、大東亜戦争の戦い方ってひどすぎる、と思います。ガダルカナル島では、米軍が上陸し飛行場を奪われた、さあ奪い返せというとき「敵は何人だ？　1万人くらいか」と、なんの情報もないのに勝手に決めちゃって、「アメリカが1万やったら、うちは半分でいけるやろ」って、5000人を送り込んだ。それでボロボロにやられたんですが、実際には米軍は2万人なんだから、もう話にならない。敵の情勢を知らずに「これでいけるだろう」という精神論なんです。

――装備では勝てない。そこを「精神力」で補った

田原　東條首相も、現場の指揮官もそう。なんで、そんな精神論になったんだろう。

百田　いろいろな人が研究していますが、よくわからない。日本は軍備が不充分だった。兵隊全員に自動小銃を持たせたくても無理で、三八式歩兵銃の銃弾すら満足に支給できない。だったら、理論的には「この装備ではどうしても勝てない」となるはずですね。

ところが、「装備では勝てない。でも、なんとか根性でいけるんちゃうか」（笑）

と、みんな考えるんです。戦力の劣勢をカバーするには、本来ならば「物理的な兵力」で補わなければいけない。それなのに、なんと「精神力」で補ってしまう。そんなかたちで、装備が不充分なところに、いつの間にか精神論が幅をきかせて、精神論一色になってってしまったんじゃないか。なんとも不思議な話ですけれども。

田原 大東亜戦争に至る過程で、たとえば日本政府と駐米大使がやりとりする電報の暗号が解読されていた。ミッドウエー海戦のときも暗号が解読されて、しかもアメリカ側はレーダーを持っていた。だから、米軍を奇襲攻撃するつもりだった（笑）日本軍は、米軍に奇襲攻撃されちゃって、航空母艦4隻を沈められてしまった。

百田 使えるのが6隻という虎の子の空母の4隻を失った。事実上、あれで終わりですよね、日本海軍は。暗号が解読されたといっても、場所はミッドウエー＝AFというようにアルファベットだったので、アメリカ軍は最初わからなかったんですよ。そこで「AFってどこやろう」と偽情報を流す。たとえば「飲料水が足らん」と、ミッドウエーから米本土に打電する。すると、日本軍の暗号に「AFは水が不足している」と（笑）。

田原 あっ、AFってミッドウエーのことだ！（笑）

百田　だから大人と子どもの戦いのような感じです。コンピュータがない当時、アメリカは暗号解読にものすごい数の女性を投入している。何千何万という女性を集め、人海戦術でしらみつぶし。いま中国が人海戦術でサイバー攻撃をやっているようなもので。アメリカには、そんな余力があったけど、日本には、そんな人的資源はなかったですね。

――せっかく南方の石油を獲得したのに、その後が話にならない

田原　僕が海兵に憧れた理由の一つは、海兵に行った、いとこがいたからです。海兵を出て戦艦大和に乗った彼によると、大和の艦長が「一人っ子は手を挙げろ」といったと。いとこの兄も軍人で、フィリピンで戦死しているから手を挙げた。すると「一人っ子は降りろ」と、全員を降ろしたそうです。艦長って、そこまで考えるんですね。

百田　徳山（山口県東部）沖にいた戦艦大和は昭和20（1945）年4月、特攻作戦で沖縄に突入しようとして果たせず、米軍の航空攻撃で撃沈された。大和に乗ってい

た伊藤整一・第二艦隊司令長官は、もうこれは無理だと思った最後に、作戦中止命令を出して戦死した。中止命令を出さなければ、大和は沈んでも残る駆逐艦が突入しなければならない。中止命令が出たから、駆逐艦は乗組員を救助し、帰ってくることができたんです。日本軍人はすばらしいんですけど、ただし、戦い方は下手くそです。

田原 なんで日露戦争以後、進歩しなかったんだろう。

百田 日本軍は、あまり賢くないです。日本が対英米開戦に踏み切った理由の一つは、石油がほしかったから。16年8月の石油禁輸で、当時の石油備蓄を戦争に使えば、おそらく半年も持たないという状況になった。17年2月には戦艦大和は動かないし、零戦も飛べなくなってしまう。だから、ギリギリの12月8日に開戦した。

インドネシアの石油を日本まで運ぶには、アメリカの太平洋艦隊を叩かなければならないし、アメリカの基地があるフィリピンもやっかいです。だから日本軍は、まず真珠湾とフィリピンを叩き、同時に電撃作戦でボルネオの石油を取った。ところが、取った後のやり方がもう、まずい、まずい。占領して石油を取るのは陸軍なんだけど、陸軍は石油をあまり使わない。連合艦隊や航空隊で大量に使う海軍が「石油をくれ」というんだけど、陸軍は海軍に石油を回さないんです。それで陸軍は余った石油を勝手に燃やしたりして。

田原 陸軍と海軍の縄張り争い、内輪もめ。いかにも日本らしい話だね。

百田 石油は輸送船で日本に持ってくるでしょう。アメリカ軍は強い連合艦隊とは、まともに戦わずゲリラ作戦をやった。潜水艦で輸送船ばかり沈めるんです。輸送船がバカバカ沈められると、困った内務省が連合艦隊に「輸送船に護衛をつけてくれ」と頼んだ。ところが、海軍が「アホか。アメリカの太平洋艦隊を叩くための船や。輸送船の護衛なんかやってられるか」と断った。17年夏のミッドウエー海戦の前には、日本の産業はもうすでに下り坂です。じゃあ、なんのために戦争をしたのか。お話になりません。

そもそもひどいのは、ボルネオあたりの現地にも、一部だけど製油所があった。だからこれを拡充して現地で原油を精製し、重油やガソリンを作って現地で使えばいい。ところが、原油をそのまま内地に運んで精製し、それをまた現地に持っていくということを、えんえん続けたんです。なんというムダなことをやったのか。信じられないですよ。

零戦を牛に引かせて30キロ離れた飛行場まで運んだ「時代錯誤」

田原　日本の軍人というのは、江戸時代や戦国時代の侍のときから同じじゃないかと思うけど、正面切って名乗りを上げて戦って勝つのが大道、正道だと思っている。兵站（ロジスティクス）の心配なんて軍人のすることじゃない、輸送船を狙うなんて邪道もいいところだ、という考えが強かったと思う。

百田　少なくとも開戦当初は世界に冠たる高性能機の零戦は、三菱重工業が開発し、三菱と中島飛行機が1万機以上を製造した。三菱の名古屋航空機製作所（現・名古屋航空宇宙システム製作所）で造ったんだけど、工場のそばに飛行場がなかったのは有名な話です。どこにあったかというと、岐阜の各務原飛行場（現・航空自衛隊岐阜基地）で、30キロほど離れている。名古屋で造った零戦を全国に飛ばすため各務原まで運ぶ必要があった。

ところが、この30キロの道が舗装されてないガタガタ道。馬で運べば速いけど、揺れると精密機械によくないというので、牛で運んだ（笑）。零戦を乗せた荷車を一昼夜かけて運び、ようやく全国へと飛び立つんですよ。1945年の終戦までそうだった。

田原　へぇ、なんで道路を舗装しなかったの？

百田　縦割り行政の悪弊です。飛行場は軍のもの。でも、道路を造るのは、内務省か地方か民間でしょう。それぞれみんな違っていて、まったく、なってないんです。

田原　当時の日本は戦時国家。全部門を一括して総力戦に振り向けるべきなのに。

百田　そこがドイツとまったく違う。ドイツは、ほぼ敗北が決まった1943年から、さらに生産力が上がった。同年に軍需省を軍需・軍事生産省に格上げしたあとアルベルト・シュペーアという人が大臣になり、一気に統制を強めて生産量を高めた。彼はヒトラーの大のお気に入りの建築家だった。大臣として徴兵の権利まで持っていたんです。

田原　戦後のニュルンベルク裁判でただ一人、戦争犯罪を認めた被告ですね。

百田　シュペーアは、部品の共通化で生産体制の効率化を推進しています。ところが、日本は愚かなことに、飛行機の翼なんかがすべて曲線で、そもそも効率化が難しい。アメリカのグラマン戦闘機は無骨な直線でできているけど、日本の零戦は微妙できれいな曲線でできている。だから、一流の旋盤工や職工しか造ることができない。

田原 ボルトの締め具合も、アメリカでは、ここまで回せと決まっているから、素人でも問題ない。日本では、こんな感じという微妙な勘が必要で、職人芸で締めたんだね。

百田 それなのに、日本的な平等主義で、みんな平等に赤紙がくるんですよ。

田原 優秀で得がたい旋盤工にも赤紙がきてしまう。

百田 ものすごく腕のいい職人も、赤紙がきて戦場に行く。しゃあないな、近所の中学生を呼んでやらすか、となる。そこで一気に品質が落ちてしまう。ドイツは一流の職工や職人を、絶対に戦場には出さなかった。彼らそのものが大きな戦力だからです。

田原 宮澤喜一さんは戦争に行かなかったんだ。東大卒で大蔵省のエリートだから。

百田 大学生は昭和18年10月まで徴兵免除でしたから、東大はかなり大事にされたようですが、調べたら東大出の神風特攻隊員もいます。ただ、明治神宮外苑で出陣学徒壮行会があった時点では、理系や教員養成系の大学生は徴兵猶予が続いていました。

――天皇という存在は、日本にとってなんだったのか

田原　ここで話題を変えて、天皇について話したい。昭和天皇は戦後、「開戦のとき、もし自分が戦争は絶対にダメだと言い張ったら、捕まって殺されたかもしれない。それはかまわないが、そのときは、もっとひどい戦争になってしまったかもしれない」という意味の回顧をしています。日本の滅亡までいったかも、と振り返っているわけです。

百田　戦争を終わらせる人がいなくなってしまう可能性ね。それはあったでしょう。

田原　天皇について、百田さんはどうとらえていますか？

百田　うーん、現在と過去では、まったく違いますけれども。

田原　いや、あまり変わらないんじゃないですか。一見、変わったようには見えるんだけれども。天皇は結局、戦争を始めることも、収拾することもできなかった。

明治憲法（大日本帝国憲法）の第1条には「大日本帝国ハ万世一系ノ天皇之ヲ

統治ス」とあり、天皇が絶対君主のように書いてある。第13条には「天皇ハ戦ヲ宣シ和ヲ講シ及諸般ノ条約ヲ締結ス」と、宣戦布告や講和をはじめすべての条約は天皇が結ぶ、結ぶのは議会でも内閣でもないんだ、と書いてある。にもかかわらず、現実には、天皇は議会や政府の決定を追認しかしていません。

百田　昭和天皇が「自分は、やりすぎだった」と述懐されていたことがありましたね。

田原　『天皇さまの還暦』（朝日新聞社）という本に出てくる。「二・二六の時と、終戦の時と、この二回だけ、自分は立憲君主としての道を踏みまちがえた」と。二・二六事件のときは、総理大臣が生きているか死んでいるかわからないので、自分が進んで態度を決めるように指導した。終戦のときは、総理大臣が「どうしようか」と聞くから、「早くやめろ」といった。そう昭和天皇自身が述べている。天皇という立憲君主は、そこまで踏み込んではいけないと考え、ずっとそうしてきたが、2度だけやりすぎたと。

―昔もいまも天皇は特別で、戦前・戦後を通じて象徴的な存在だ

田原　つまり、戦後「象徴天皇」になったというけど、実は明治時代から事実上の象徴天皇だった。だから、戦前と戦後であまり変わらない。

百田　私は、明治・大正にも昭和の初めにも生まれ育っていないから、当時の空気はわかりませんが、昔の国民には「天皇は独特の尊い存在だ」という意識があったでしょう。いまは薄れているでしょうけど。

田原　いや、いまもあって、昔とそれほど変わらないと思いますよ。僕が小学生のとき、学校で大きな式があると必ず講堂の中心に「ご真影」という天皇の写真が飾られた。先生は「ご真影の枠の下の縁より上に目を上げるな。目がつぶれるぞ」といった(笑)。子どもだから当然「見るな」といわれれば見る。目はつぶれなかったけど、天皇というのは特別の存在だと思いました。

典型的なのは、民主党政権のとき総理大臣の菅直人さんなんかが福島など被災地に行くと「なんだ。帰れ!」と怒鳴られた。でも天皇ご夫妻が行くと、みんな涙を流して喜ぶわけですよ。だから、変わったようであまり変わらない。僕は百田さんに、天皇のことをぜひ小説に書いてほしいんだ。昭和天皇か明治天皇か、もっと昔の天皇でもいいけど。

百田　そりゃ難題だなあ（笑）。天皇とは何か。これは難しいですね。戦国時代の武将たちや江戸幕府にとってさえ、天皇家というのは特別な存在だった。奈良時代や平安時代と違って天皇は政治的な権力を持たなかったのに、どの武将や大名たちも、天皇に自分こそ征夷大将軍であると認めてもらうのに必死だった。

軍事力・財政力もなく「権力」を一切持たない王様は、世界に例がない

田原　僕は『中央公論』で天皇論を2年半連載したけど、日本の天皇の何がすごいって、いちばんすごいのは「権力をまったく持っていない」ことです。権力の源泉となる軍事力（軍隊）も財政力も、なんにも持っていないの。権力を持たないから天皇家は千数百年以上続いた、ともいえる。というのは、天皇が権力を持っていれば新しい権力者に殺されてしまいますからね。権力がない王様って、世界中どこを見渡してもいない。中国の皇帝にも、古代オリエントやインドやヨーロッパなど世界の王様にも、例がないんです。

しかし、なぜか権威だけはものすごく、天皇が認めてくれなければ征夷大将軍

という最高権力者になることができない。源頼朝は征夷大将軍として認めてもらい、鎌倉幕府を開いた。戦国時代の織田信長や豊臣秀吉も同じで結局、徳川家康が江戸幕府を開いた。

百田　平安時代の藤原氏は天皇と縁戚関係を結ぶことで権力を握った。平清盛もそうですが、これは貴族のボディガードだった武士が権力を握る過渡期ですね。武家の時代が本格的に始まった鎌倉時代以降は、権力者にとっては、つねに天皇が必要だった。天皇がいなくなると権力者の権威が失われてしまう。

田原　明治維新をやった薩摩・長州も天皇を利用したし、官軍の「錦の御旗」はその象徴だった。二・二六事件の青年将校たちも昭和天皇を担ごうとした。裏返すと、日本の権力者は天皇を都合よく使った、ともいえるんだけど。

同じことをマッカーサーもやった、と僕は思う。日本が戦争に負けると、GHQ（連合国総司令部）司令官としてマッカーサーがやってきた。当時はアメリカ議会もアメリカの世論調査も、天皇を死刑にしろという声が圧倒的な多数だった。でも、マッカーサーは天皇の制度を存続させたし、天皇を裁判にもかけなかった。日本を占領するには天皇を利用したほうが得策だ、と考えたからです。

天皇の一声で帝国陸海軍の武装解除ができた。天皇を裁判にかけて処刑しようものなら、反乱が起こって内戦状態になる。天皇を利用したほうが日本の占領政策はうまくいくんだ、と。実際その通りだったんです。

なぜ日本は戦争の総括ができなかったのか

田原 そこで聞きたい。日本はなぜ、戦争の総括がついにできなかったと思いますか?

百田 極東軍事裁判に丸投げしてしまったことが大きい、と思うんです。

田原 宮澤喜一さんに同じ質問をしたら、答えがおもしろかった。昭和21(1946)年からGHQは「公職追放」を始めた。戦争犯罪人、職業軍人、超国家主義団体の活動家、大政翼賛会はじめ政治団体の有力指導者たちなどを、国・地方の議員や公務員、特定の会社や報道機関などの職場から追放したんです。すると、いまの自民党につながるような保守系政治家はみんな追放組になった。残った政治家は、追放組の子分ばっかり。「子分が親分の総括なんかできますか」って(笑)。親分たちの代表がA級戦犯ですからね。

歴史学者の坂野潤治さんは、「日本人みんなが戦争に賛成したのだから、総括のしようがないじゃないか」と。いけいけどんどんだったのは軍部に限らない。マスコミも国民も賛成だから、みんなよくなかった。そう反省しても、総括はできなかった。

文藝春秋の半藤一利さんの意見は、こうです。赤紙がきて出征し、命令に従って戦死した人は気の毒で、戦争の犠牲者といっていい。では、戦争や戦闘を命じたのは誰かというと、たとえば陸軍士官学校を出ると、少尉で任官する。

百田 職業軍人ですね。尉官・佐官・将官たちみんなが命令したんだ。

田原 彼らのうち戦死した人は、みんな靖国神社に入っている。戦争を総括すると、せっかく靖国で眠っている人を大勢ひっぱり出して、責任を問わなければならない。戦勝国が裁いたA級戦犯やB・C級戦犯の話とは別にね。「そんなことできますか」っていうんだ。

百田 なるほど。ただ、知識人や文化人といわれる人たちも、いまだに日本の戦争を総括できていないと思います。あの戦争はなんだったのか。いまだにずっと「侵略戦争」だといわれ続けているんですけれども……。

田原　僕は、太平洋戦争を日本の一方的な侵略戦争とは考えていません。世界でいちばんの侵略国はどこか、といえばイギリスです。それからフランスであり、アメリカであり、ロシアであり、ドイツであり、日本もそうだった。日本は台湾や朝鮮や樺太を取りました。だから僕は、太平洋戦争は「侵略国同士が世界制覇を争った戦争」だった、と思う。その戦争で一方の侵略国グループだった日独伊が負けた。

日本は東南アジアを侵略したのか？　東南アジアで欧米と戦っただけだ

百田　日本は東南アジアを侵略したというんですけれど、日本軍はベトナム人と戦いましたか？　フィリピン人と戦いましたか？　インドネシア人とは？　マレー人とは？　戦っていないんです。フィリピンを占領したアメリカと戦った。ベトナムを占領していたフランスと戦った。インドネシアを占領していたオランダと戦った。マレーを占領していたイギリスと戦った。つまり、日本は東南アジアで「欧米と戦った」んです。

田原 中国では現地の人と戦ったけどね。日本軍が欧米と戦うとき犠牲になった現地の人もいた。それからオランダ領インドネシアには石油を「かっぱらい」に行った。前に触れた昭和16年の敗戦を描いた本には、南方に出なければ石油が枯渇するというシミュレーションに、東條さんが「泥棒せい、というわけだな」といった、という話が出てくる。だから現地の人びとには、たいへんな迷惑をかけた。でも、アジアを舞台に、現地を支配していた欧米勢力と戦ったことは確かですね。

百田 日本のマスコミはまったく報道しませんが、インドネシア、マレーシア、タイ、フィリピンの人たちが、あの戦争で日本にどれだけ感謝しているか。インドネシアなんて、めちゃくちゃ感謝しているでしょう。インドネシアの復員軍人省のサンパス元長官が、いってます。「戦争後も日本人約1000人が帰国せず、インドネシア国軍とともにオランダ軍と戦い、独立に貢献してくれた。日本の戦死者は国軍墓地に祀り、功績を称えて殊勲章を贈っているが、それだけではすまない」と。

田原 1970年代、僕がインドネシアに取材に行ったら、もう大感謝でした。インドネシア独立のために戦った日本兵がまだ生きていて、彼の紹介があればインドネシアのどの大臣にも会えた。彼を僕に紹介してくれたのは右翼の田中清玄。田中清玄がインドネシアとのパイプを岸信介から田中角栄につないだんです。だから安倍晋三さんは、東南アジアでとても評判がいい。先日、ASEAN大使だった石兼公博さんに会ったら、インドネシア独立運動に参加した軍人が一人亡くなって英雄墓地に葬られ、残っているのはもう一人だけだ、といってました。

百田　インドネシアはオランダに350年近く占領されていた。マレーシアはイギリスに100年以上占領されていた。イギリスがペナン、マラッカ、シンガポールを取ったのは1791年から30年ほどの間ですから。東南アジアの人びとは、自分たちは体も小さいし白人には絶対に勝てない、と思い込んでいた。ところが日本軍がイギリス人やオランダ人を蹴散らして「こんなことができるんや」と。マレーシアの元外務大臣ガザリー・シャフィーは「神の軍隊が来たと思った」といっています。また、タイの元副首相のタナット・コーマンは「あの戦争によって世界のいたるところで植民地支配が打破されたが、それは日本が戦ったからだ」と。インドネシアの元首相のモハメッド・ナチールは「大東亜戦争は私たちアジア人の戦争を日本が代表して敢行してくれた」と。インドの初代首相のネールは「インドの独立は日本のおかげで30年早まった。この恩を忘れてはならない」と。こういうことを言っているアジアの政治家はものすごく多いのです。なぜか日本のマスコミは紹介しませんけれども。

日本の侵略というが、欧米列強がやった侵略を遅れてやっただけ

田原 東南アジアはじめ世界に、先の日本の戦争が欧米の植民地を解放する結果をもたらしたと評価する人がいることはたしかです。しかし、僕はやっぱり大東亜戦争は失敗だったと思っている。勝てる見込みのない戦いをやってしまった責任がある。

百田 そうなんです。実は大東亜戦争の意味を真剣に考えるには、その100年前から考えければあかんのです。

田原 だから、1931年に関東軍参謀として南満州鉄道の線路を爆破する柳条湖事件を起こして満州事変（32年2月までに満州全土をほぼ占領）を始めた石原莞爾（敗戦時に陸軍中将）は、極東裁判のとき進駐軍に対して「ペルリを呼んでこい」と

言い放った。あそこから、鎖国していた日本の海外進出が始まった。黒船4隻を率いて浦賀沖に現れたペリーが大砲で脅して門戸開放を迫った。そのアメリカを手本に、日本は同じことをやっただけではないか、とね。

大航海時代以来、まずスペイン・ポルトガル、次にオランダ、その後に最初に産業革命をやったイギリス、それに続くフランス・アメリカが、世界をずーっと侵略していった。南米、アジア、アフリカとどんどん侵略していき、東南アジアや中国にもきた。最後に、いちばん遠い極東の日本までやってきた。日本は、それをはねのけて明治維新をやり、近代化を進めた。しかし、欧米列強は中国分割を進め、ロシアも南下してくる。これを跳ね返すために、日本も覇権主義を掲げて戦わざるをえなかった。

そこで、朝鮮半島の支配をめぐって、日清戦争が起こり、日露戦争が起こった。その結果として、日本は朝鮮を獲得した。ここまでは、戦った相手の清もロシアも文句はない。清とは朝鮮と台湾を、ロシアとは朝鮮や中国の一部を取りっこして、つまり同じことをやって向こうが負けたという話だから。それが最終的には大東亜戦争です。

満州事変から満州国に至る過程は、「中国」への侵略だったのか

百田　私は、満州国に関しては、中国への「侵略」とは考えていません。満州国ができた地域が「中華民国」の歴史だった時代は、まったくありませんから。

1911年の辛亥革命をへて12年1月、南京で中華民国が成立したときは、北京にまだ「清」があった。12年2月に愛新覚羅溥儀が退位して清朝が終わると、中華民国は清の領土の継承を宣言した。でも、満州（「東三省」と呼ばれ、ほぼ現在の遼寧省・吉林省・黒竜江省にあたる）は、もともと馬賊たちが跋扈していたところに清が北洋軍を送って支配をもくろんだ地域ですから、継承なんてできなかった。

満州は、北洋軍が拡大され袁世凱が率いた北洋軍閥の支配地域だったとはいえる。袁が16年に死ぬと北洋軍閥は分裂し、満州を支配したのは張作霖の地方軍閥。張はもとは馬の親分ですよ。28年には張作霖爆殺事件で後を継いだ張学良が、南京に成立した直後の蔣介石の国民党政府に帰順したけど、張が蔣に「あんたに従

う」といっただけでしょう。29年にはソ連軍も満州に侵攻している（中東路事件）。

田原 満州は馬賊や軍閥が入れ替わり立ち替わり支配を争った群雄割拠の地で、そこに日本軍やソ連軍も出ていった。袁世凱は中華民国大総統になったことがあるけど、その後に中華帝国皇帝即位を宣言したくらいで、中国では「漢奸」（漢民族の裏切り者）扱いだから、北洋軍閥の満州支配を中華民国の支配とはいえない、ということね。

百田 そうです。もともと満州は、中華民国が「中国だ」というのがおかしい場所なんです。女真族（満州民族。12世紀に「金」を興した）やモンゴル人が住んでいたところで、ここから出た女真族が17世紀に「清」を樹立し、いまの中国やモンゴルを支配した。中国の最大版図、つまり歴史上もっとも領土が広かったのは、清の乾隆帝（在位1735～95年）時代ですね。

田原 弁髪や、頭髪を左右に分ける「両把頭」という女性の髪型や、詰め襟で深いスリットが入ったチャイナドレスは、もともと満州族の習俗だった。

百田 その清の支配が300年近く続いた。清が消滅するとき、孫文が「中華民国は清帝国の領土をそのまま継承する」と勝手にいったけど、満州はずっと継承できなかった。張作霖は東三省の独立を勝手に宣言したこともありますから。日本は、そんな満州に出ていき、1932年に満州国をつくった。清朝最後の皇帝・愛新覚羅溥儀を皇帝に立てた傀儡政権というけれど……。

田原 そりゃフセインを滅ぼした後のイラク政権だって、傀儡政権だ。

百田 日本は、少なくとも満州国をつくった時点では、中華民国を侵略していませんよ。だって、中華民国の支配地域じゃなかったんだから。

■国際連盟で否定された満州国を、実は英仏は認める意向だった

田原 そこが、僕と違うところなんです。僕は満州事変は日本の侵略戦争だったと思う。というのは、第一次世界大戦後の1922年の九カ国条約（中国に関して門戸開放・機会均等・主権尊重の原則を確認し、中国の領土保全を謳った条約）や、1928年のパリ不戦条約（締約国は国際紛争を解決する手段としての戦争を放棄し、平和的手段によって紛争を解決すると規定）に違反しているからね。

百田 いやいや、田原さん。九カ国条約ではフランス代表のブリアン外相が「シナとは

なんぞや」といったんだけど、どこまでが中華民国の領域かわからず、満州が入るかどうかも不明なままだった。パリ不戦条約でも各国は、やっていいのは自衛戦争だけだと盛んに主張したけど、「侵略戦争とはなんぞや」が定義されなかった。ようするに欧米列強は二つの条約で、日本は中国に関して出過ぎたことをせず俺たちにもかませろ、自分たちの過去の侵略戦争は問題ないが今後の侵略戦争はダメだ、といったわけでしょう。それに違反したって、ずいぶん勝手な言いぐさじゃないですか。

田原　たしかに曖昧なところがあって、日本は満州国については自分の言い分が通るだろうと思ったわけね。戦略的にも間違ってはいなかった。というのは満州国建国は国際連盟で否決されたけど、実はイギリスやフランスは、陰ではオーケーだった。日本の言い分もわかる、俺たちの権益が確保できるならいいだろう、と。

日本が国際連盟を脱退した2年後の1935年、イギリスが日本に「蔣介石がカネに困っているから一緒にファンドを作ってやろう。この話に乗るなら、蔣介石に満州国を認めさせるようにしてやろう」と、いって寄こしたことがある。日本政府は呑もうとしたんだけど、関東軍が拒否したんだ。ここから日本は孤立するんです。大川周明も北一輝も、満州事変までは認めているんです。彼らは、日中戦争はダメだ、日中戦争をやったらアメリカ・イギリスと戦争になるぞ、と反対している。

上海事変（支那事変）以降の日中戦争は大失敗だった

百田　日中戦争は本当に読みまちがえましたね。日本的な考えで、南京さえ落とせば終わりだ、講和できる、と思った。でも、講和できずに、結局ずるずると戦線を拡大してしまった。あの広い中国を全部支配しなければ、戦争は終わらないと。

田原　広い中国の支配なんて、できっこない。その泥沼に引きずり込まれる前に、どこで止めるべきだったか。日中戦争の手前で踏みとどまるべきだった、と僕は思います。南京を落とせば勝てる、と思ったのが間違い。上海や南京に出ずに、満州国まででとどまるべきだった。具体的には、1937（昭和12）年7月の盧溝橋事件（北京の西南で起こった日本軍と中国国民革命軍との衝突）に始まる上海事変（第二次上海事変。当時の呼び方は「北支事変」、のちに「支那事変」）、12月の南京攻略ですね。これらはやるべきではなかった。

百田　停戦の展望がないままに、南京からさらに奥へ奥へと行ってしまった。南京が陥落して、蔣介石の中国軍が奥地に引っ込み徹底抗戦するというとき、なんとか和平交渉をすべきだった。日本の近衛首相が「国民政府を対手とせず」という声明を出して日中和平交渉を打ち切ったのは1938（昭和13）年1月。このときから1941（昭和16）年12月に太平洋戦争が起こるまでの4年弱に何かできたはずだ、と思うんです。

第2章

なぜ自虐史観が蔓延してしまったのか

現在のややこしい問題は、すべて戦後の自虐思想に起因する

田原　第2章では、あの戦争は日本だけが一方的に悪かったんだという「自虐史観」について、百田さんと、とことん話したい。やっぱり日本は戦後の長い間、1990年代初頭あたりまでは自虐史観が強すぎた、と僕は思います。この自虐史観から「性奴隷」なんていう言葉も出てきたんですね。

百田　おっしゃる通り。「戦後の自虐思想がすべてや」と、私は思っているんです。南京事件の問題、靖国神社の問題、従軍慰安婦の問題、そして日韓・日中関係など、いまのややこしい問題はすべてが自虐思想に端を発していると思います。

朝日新聞の問題は別の章で改めて話す必要があるでしょうけど、なぜ朝日新聞は従軍慰安婦の捏造なんかするんだ。なぜ政府のやることなすこと全部に反対なんだ。なぜ韓国や中国の悪い点には口をつぐむんだ。――これは、根本に「自虐思想」があり、戦前の自分たちの罪や間違いをつぐなわなければならないという「贖罪意識」があるからですよ。

田原　自虐史観からくる贖罪意識から、罪滅ぼしを続けている。僕の体験を話すと、小学校5年生の1学期までは「この戦争は正しい戦争だ。君らは早く大人になって天皇陛下のために死ね」と教えられた。僕は海軍に行って死ぬ気でした。映画監督の大島渚は、僕より二つ年上で、敗戦のときは中学1年。学校で先生に切腹の仕方を教えられたそうです。米軍が上陸して本土決戦になり、どうしようもなくなったら切腹しろとね。

百田　切腹って、いったい何時代なんや(笑)。

田原　ところが、2学期になると同じ先生が「あの戦争は侵略戦争で、間違った戦争だった」といった。このとき、だいたい偉い人のいうことは信用できないと身に染みました。国というのは国民を騙すものだという思いが、僕の原点にあります。高校1年のときには朝鮮戦争が始まった。それで僕らが「戦争反対！」って叫んだら、今度は「お前ら共産党か！」と、また逆になっちゃった(笑)。世は「逆コース」でレッドパージ(赤狩り)の時代に入ったんです。いよいよ、こいつら信用できないと思った。

僕らの世代はそれくらい、教えられたことがムチャクチャだった。信じていたものが全部ひっくり返ってしまい、何も信じられない。戦前の物事や考え方というのは、実際ヒドいものだった。なにしろ「死ね」「切腹しろ」だから。それが自虐史観につながっていったんじゃないかな。自虐するのも無理もないほど、ヒドかったわけです。

百田　たしかに田原さんは多感な青少年の時期に、思想的な転換を強いられて大ショックを受けられました。でも、それは国民全体の一部ではないか、と私は思っていますけど。

GHQが日本人に贖罪意識を徹底的に植えつけた

田原　百田さんは、日本の自虐史観は、どうして生まれたと思いますか？

百田　自虐史観には二つあると思うんです。第一に、日本人全体として、あの戦争は悪い戦争だった、戦争を始めた自分たちが悪かったんだ、という考え方がある。

田原　「一億総懺悔」ですね。

百田　これは、戦後すぐにアメリカ軍が徹底的に教え込んだ側面が大きい。東京裁判（極東国際軍事裁判）がその象徴でしょう。アメリカを中心とする連合国側は東京裁判で、徹底して「日本人よ、お前たちが悪かったんだ」と教え込んだ。戦前は日本のトップにいた政治家や軍人たちを、これはA級、これはB・C級戦犯だ、と日本人の前にさらして裁きまくった。もちろんGHQはマスコミを押さえていたから、勝者の一方的な裁きはおかしいじゃないか、なんて記事が出るはずもなかった。

GHQは対日占領政策の一環として「ウォー・ギルト・インフォメーション・プログラム」（War Guilt Information Program）という計画を推進していたといわれていますね。アメリカはそもそも日本に憲法を押しつけ、政治・経済・社会のさまざまな制度や慣行、法律などを変えさせた。膨大な施策のそれぞれでどこまで意図的だったか、必ずしもはっきりしませんけれども、結果的には戦争の贖罪意識を日本人に植えつける宣伝計画が成功したんだと思います。もちろんよいこともやったけれども。

田原 直訳すれば「戦争の罪の宣伝計画」ね。GHQは昭和20年9月、プレスコード（日本ニ与フル新聞遵則）とラジオコード（同放送遵則）を立て続けに発した。この記事ダメ、この番組ダメと検閲したんです。同時に、日本軍はこんな悪いことをしたという番組も作らせた。典型は昭和20年12月からNHKが放送した『眞相はかうだ』ですよ。

これは企画・脚本・演出のすべてをGHQの民間情報教育局（CIE）ラジオ課が担当し、しかもNHK制作と見せかけた露骨な「やらせ」キャンペーン番組。NHK『20世紀放送史』によると、効果音を駆使し速いテンポでたたみかけるように「南京大虐殺」や「バターン死の行進」などを再現して流した。聴取率アップのために日曜夜8時〜8時半のゴールデンタイムを選び、しかも前後を人気娯楽番組で固めてあった。

百田　GHQが、そんなやらせ宣伝番組を流しとったんですか。実にけしからん。

田原　ドキュメンタリー・ドラマってこうつくるのか、とお手本になったらしい（笑）。あんまり露骨に支配層や日本軍の残虐ぶりを描いたので、聴取者の評判はきわめて悪く、非難の投書が殺到した。駐米大使の野村吉三郎が真珠湾攻撃を知りながら対米交渉を続けてアメリカを騙したと放送した回では、聴いていた野村本人が新聞投書で反論している。CIEがNHKに野村への再反論を放送せよと指示したら、当時のNHK会長・大橋八郎が野村から直に話を聞き、野村のほうが正しいとしてCIEの指示を無視したんです。

いまだに子孫たちが謝り続けなければ、というのはおかしい

百田　そんなウォー・ギルト・インフォメーション・プログラムで「お前たちが悪いことをしたんだ。自分たちが悪いことをしたと認めなさい」とガンガンやった結果、いまだに日教組（日本教職員組合）なんかが……。

田原　日教組なんか、もうどうでもいいじゃない。2013年10月1日発表の組織率が25・3％。37年連続で過去最低を更新し続けているんだから（笑）。

百田　いやいや、4人に1人もの教員が自虐史観で教えているとすれば大問題ですよ。純粋無垢な子どもたちに、戦前の日本がやったことはすべて悪いことだったなんて教える意味が、どこにありますか。

3月10日、私がツイッターで「今日は悲惨な東京大空襲の日だ。これはアメリカ軍の大虐殺だ」と米軍の非道をつぶやいたら、何人かのフォロワーたちは「そ

のとおり」といってきた。でも、ぜんぜん見知らぬ人たちからたくさん寄せられたのは「それは日本が悪かったからだ」「百田さん、なんで空襲されたかわかりますか。日本が悪い戦争を始めたからですよ」という声。自虐史観は依然として蔓延している。

戦後10年以上たって生まれた私は、日本人が実際にどんなことをしたか直接は知りませんが、そう極端に悪いことはしなかったと思っています。でも、仮にひどく悪いことをしたとしても、40年も50年も60年も70年たっても子孫たちが謝り続けなければならない、というのはおかしな話。そんなこと言い出したらドイツ人もイタリア人も、いや、侵略国だった欧米先進国の国民はみんな、ずーっと懺悔し続けなければならない。

田原 うん、それはそうだ。しかも、日本はもう何度も謝罪した。

百田 ところが、日教組が強い三重県のある小学校では、教師の学習指導案に「児童に贖罪意識を与えよ」と書いてあった。実際に日本人は南京でこんな乱暴狼藉を働いた、韓国の女性にあんなひどい仕打ちをしたと教えて、子どもたちに感想文を書かせた。

「おじいちゃんたちは、こんなひどいことをしてきたのか」「日本に生まれたのが嫌になってきた」「日本人であることが情けない」といったことばかり書いてあった。そう産経新聞の記者が伝えています。日教組の力が強いところの高校が修学旅行で韓国に行き、韓国人の前で生徒たちみんなに土下座させていたという話もある。

田原　そんなことする必要はない。事実ならば問題だ。ただし、広島県立世羅高校の1998年の修学旅行のことだったら誤解がある。ソウルの三・一独立運動記念碑前で、駅の通路なんかに修学旅行の児童生徒がよく座っているようにみんなで座り、生徒代表が「私たちが平和を築こう」という「宣言文」を読んだ。これを『韓国日報』が、日帝侵略と植民地蛮行の「謝罪文」を読んだ、と写真付きで報じたんだ。誤解されるようなやり方は、全然よくないけど、土下座なんてしてないよ。

戦後生まれの全共闘や全学連も、自虐史観を叫んだ

百田 自虐史観に二つあるといったけど、第二に、いわゆる全共闘や全学連、この世代が反政府運動の一環として自虐史観を叫んでいた。戦後ずっと日教組や進歩的文化人や左翼マスコミが日本人に植えつけてきた「なんでもかんでも日本が悪い」という考え方が、戦争を知らない世代に蔓延したわけです。これは戦後の一億総懺悔とは形は似ていますが、意味が違います。

田原 あれは反体制だからね。若い連中は反体制が当たり前ですよ。自己主張するには反体制しかないんだ。だって知識もない、経験もない、キャリアもない。あるのは、あり余るエネルギーだけ。時の権力に向かって「ハンターイ!」と叫ぶしかないでしょう。

百田 若者の反体制はいいんですよ。それは認めましょう。ただ、かつての全学連や全共闘の連中は反体制を叫ぶのに、自虐思想を持ち込んだのです。そして「反政府」と「反日」をごっちゃにした。政府の否定と国の否定の違いがわからなかった。

田原　日本の左翼は、ずっとソ連直輸入のマルクスとレーニンでやってきたからね。日本に根づいた感じがなくて、安保闘争も大学紛争も雲散霧消したし、社会党も消滅しちゃった。ヨーロッパの社会民主主義と日本の左翼はまったく違うんだ。ドイツのSPD（ドイツ社会民主党）やイギリスの労働党はマルクス否定で、資本主義のなかのリベラルという位置を占めている。日本の左翼はガチガチの教条的マルクス主義のまま、本家本元のソ連がなくなっておしまい。これはまったく間違いだったと思います。

ところが、全共闘や全学連は、そういう旧来の左翼とも違う。あれは単なるアナキズム（無政府主義）ですよ。だって彼らは権力、たとえば岸信介や佐藤栄作を打倒して何かをつくろうなんて気は、まったくなかった。ただ倒すだけだからアナーキーですよ。

戦前の青年将校も、全共闘や全学連も「革命」に酔っていた

百田　そんな精神的なアナキズムは、五・一五事件（昭和7年5月15日、海軍青年将校ら

が犬養毅首相を殺害）や二・二六事件（昭和11年2月26日、青年将校らが1500名の兵を率いて起こしたクーデター未遂事件。高橋是清蔵相・齋藤實内大臣・渡辺錠太郎陸軍教育総監らを殺害）も一緒ですね。革命の理想はあったけど、世界をどう変えようという計画はない。青年将校たちは、単に革命家なんですよね。

田原　しかも、革命に酔っていたんです。全共闘や全学連もやっぱり革命に酔っていた。60年安保のとき、岩波映画製作所にいた僕は、毎日のようにデモに行き「安保反対、岸は辞めろ！」と叫んだ。だからよくわかるけど、やっぱり酔っていました（笑）。

安保の条文なんて読んでない。首相の岸信介は戦争を始めた東條内閣の商工大臣で、Ａ級戦犯になりそこなった。そんな男が推進する安保改定なんて、インチキに決まってる。東條が処刑された日の夜明けに岸は釈放された。アメリカと密約があったに違いない。日本を戦争に引き込む密約を、いまやろうとしているんだ、と思っていた。反安保のリーダーたちも、吉田安保と岸安保の違いまで読み比べていなかった。

実は岸さんの安保改定は明らかに「改善」だった。日本が独立を回復した

1951年に吉田茂首相が結んだ旧安保条約は「奴隷安保」で、米軍は日本のどこでも勝手に基地をおくことができた。しかも、侵略に対してアメリカは日本を守るという義務規定がない。期限も決まっていなかった。それを岸さんが、米軍基地は日本と相談しておく、アメリカは日本を守る義務がある、期限は10年として必要に応じて更新する、と改めた。これを僕が知ったのは、ずっと後に取材したときでした。

百田　国論を二分したといわれたけど、反対派は全然わかってなかったんや。

田原　ついでに余計な話をすると、60年安保のとき、安倍晋三さんはまだ幼かった。54年9月生まれだから、デモ隊が国会を取り囲んだ60年6月に5歳。

百田　そのころ、お父さんの安倍晋太郎さんに連れられて岸さんの家に行った。孫がきたと喜んだ岸さんが、馬になって安倍さんを乗せたんです。すると、お祖父さんに馬乗りになった安倍さんが「アンポ反対、岸ヤメロ」と叫んだ(笑)。安倍晋太郎さんの顔が真っ青になったけど、岸さんは「おもしろい。もっといえ、もっといえ」と、そんなことがありました。

田原

1965年にソ連に行き、共産主義に絶望した

百田　60年といえば私は四つくらいです。岸さんが「国会周辺は騒がしいが、銀座や後楽園球場はいつも通りだ。私には『声なき声』が聞こえる」といったと後に知って、すごいなと思いましたね。
　うちは大阪ですが、親父もお袋も近所のおばはんたちも、安保なんて誰一人知らない。「わしら関係ないわ」といっていた。だから、安保反対で10万人が国会を包囲したのはすごいんだけど、日本中でその10万人だけやったんかって思う（笑）。その連中がどうなったかというと、私は大挙してマスコミに行ったと思っているんです。

田原　かなりマスコミに行った可能性はあるね。僕は1965年までは「左翼」でした。戦争に最後まで反対したのは日本共産党で、それは立派だったというふうに思っていた。その共産党が信奉するソ連は、階級制度がない労働者のすばらしい国で、言論の自由もあるんだと。本当ですよ。ところが65年にモスクワで世界ドキュメ

ンタリー会議というのが開かれ、なぜか日本から僕が選ばれて行ったんです。

百田　昭和40年ですから、田原さんは31歳ですね。

田原　東京チャンネルでディレクターをしていました。招待だから、クレムリン宮殿を見たいといえば案内してくれる。僕がモスクワ大学で大学生とディスカッションしたいというと、ソ連側はわかったといって、学生を10人くらい集めてくれた。

その前年にフルシチョフというソ連のナンバーワンが失脚したんだけど、彼はスターリン批判をひっさげて登場したから、日本では「雪解け」だと歓迎されていた。そこで僕は「なぜフルシチョフは失脚したのか」と学生たちに聞いたんです。すると、みんな真っ青になって黙り込んでしまい、唇が震えんばかりだった。コーディネーターが「そんなこと聞いちゃダメだ。もっと文化的なことを聞け！」と大声で怒鳴った。

結局、ソ連に3週間いて、言論表現の自由がまったくないことがわかった。とんでもない国だとわかって、共産主義や社会主義に絶望しました。でも、帰国してそうとはいえなかった。いえる雰囲気ではなかったんだ。反戦運動が盛り上がった大学紛争や70年安保のころは、若者たちにシンパシーを感じて、彼らのドキュメンタリーを盛んに撮ったけど、左翼への期待は冷めていましたね。

団塊の世代や全共闘世代は「左翼」が流行のファッション

田原　70年前後も全共闘世代の多くは就職できなかった。その連中がマスコミに行って、フリーライターになったり、週刊誌や月刊誌の契約記者になった。僕は77年にテレビ局を辞めて雑誌の仕事を始めたんだけど、手伝ってくれたのはそんな連中です。第一次ベビーブームの1947〜49年生まれで、いわゆる「団塊の世代」。

百田　テレビ局の連中も、全共闘世代というのは、本当に左翼思想が強烈です。さほど頑張って活動したわけではない連中でもそう。当時の大学進学率は15%以下だったと思いますが、一流大学出はほとんど左翼でした。年が一回り上の彼らと話して私がよく思ったのは、この人たちのアタマのなかは、大学生だった20歳くらいのときの情報そのままなんだ、ということでした。

田原　団塊の世代や全共闘世代にとって、左翼というのは「ファッション」なんですよ。

百田　そうそう。しかも、20代前半までに仕込んだ左翼思想と自虐思想が、その後なん

田原　のインプットもされないまま40年、50年と生きている。だから始末に困るんです。全共闘の最大の問題は、やっぱり自分たちのやったことを総括していないことです。日本人が戦争を総括していないのと同じでね。なぜ総括できなかったのか。彼らは権力を倒すと叫んだけど、そんなことができると思った人間は一人もおらず、権力を倒す真似事をするのがファッションであり流行でもあった。流行から足を洗ったあと、71〜72年に総括すればよかったけど、連合赤軍事件が起こった。浅間山荘事件のあと発覚した同志の殺し合いです（リンチ殺人で12人が死亡）。その後も内ゲバ事件が続いて新左翼運動が見放されていき、全共闘運動も総括されないまま、うやむやになっちゃった。百田さんは、そのころ中学生か。七つ八つ年上の大学生たちが大学当局や機動隊とモメるのを、どう見ていたの？

共産主義は一神教に近い。だから、恐ろしい粛清をしてしまう

百田　私は70年に中学3年ですが、よくわからなかった。ただ、生徒会役員とか勉強の

できる連中は、ハマッてましたね。彼らには要領がよくて、ずるがしこくて、うさんくさい感じもあった。私は奈良県のものすごくアホな高校に入ったんで(笑)、そういう意識がまったくなかったけど、進学校にはあったみたいですね。

高校の国語の先生が、こんな笑い話をしていたのを覚えています。70年11月に三島由紀夫が割腹自殺をした直後、うちの高校の向かいにあった奈良高校って勉強のできる高校の生徒が先生の家にきて、「三島由紀夫が死んだんで、何かええ本を教えてください。学校で三島の話ができるように」といったと。さすが奈良高校の生徒だ、と何冊か勧めた。翌日うちの高校で、生徒たちが三島由紀夫の話をしているのを聞くと、「腹はこんな切り方や」「首はこう並べてあった」って話ばっかりだった(笑)。

田原　ハハハ。

百田　笑い話をもう一つ。高1のとき、全学連崩れの社会の先生やと思うんですが、授業でこんなことがありました。先生が急に「そもそも君が代がよくないんだ。歌詞を知っているか」と言い出した。みんなボーッとしていると、わりと勉強のできる生徒を名指しして「お前、知っているか」と聞く。「知ってます」「黒板に書いてみろ」「はい」と、そいつが白墨で君が代を書きよった。

ところが、「きみがあようは……」とぜんぶ平仮名。先生は呆れてしまって「もういい。席に戻れ」って（笑）。そんな高校だから、政治的な洗礼はまったく受けませんでした。

田原　大学は同志社だから、まだ紛争の余波があったでしょう。

百田　同志社は学生運動がまだ強くて、大学紛争から5～6年たっていましたけど、中核派なんかがいっぱいおった。かぶれた連中をジーッと見ているうちに「こいつら全部ウソやな」と思いました（笑）。ただ、共産主義には興味があっていろいろ読んだ。ソルジェニーツィンの『収容所群島』を全巻読んだとき、共産主義というのはいかに愚かな宗教かと思った。一神教に近いなと思ったんです。だからソ連や中国は宗教を認めない。

ソ連はスターリンが恐ろしい粛清をやった。中国も文化大革命や反右派闘争で粛清をやった。ちょうど同じころカンボジアでポルポトの大虐殺があった。連合赤軍派のリンチ虐殺事件は、僕が高校1～2年のときです。榛名山で連合赤軍の連中が「総括しろ」といって殺し合った。30人もいない榛名山のアジトでも粛清をやった。ある意味、世界でもっとも小さな共産党国家だったんでしょう。この一神教は怖いなあと思いましたねえ。

対米従属で経済的に成功し、そこそこいい思いをしてきた

田原 いずれにせよ「自虐」はそろそろ終わりだと思う。僕は小学館『SAPIO』の連載で、なぜ日本はあの戦争を始めたのかを取材し、『日本の戦争』という本にまとめた。参考文献として大量の本や資料を集めたら、ほとんどが自虐史観。日清戦争からずっと侵略戦争だ、と書いてあるものばっかりだった。

百田 戦後の知識人や文化人たちが、日本だけが悪いという自虐史観にとらわれていたからでしょう。欧米列強の侵略戦争を棚上げにして。日本の学者って、西洋ではこうだというのを翻訳して紹介する、しょうもない仕事ですから。

田原 ただ、大東亜戦争は間違いだった、と僕は思っている。何が間違いかといえば「負ける戦争をしたこと」が間違いだった。もっといえば、日本人は戦後あまりにもアメリカだけを頼りに、対米従属でやってきた。国家とか外交とか安全保障なん

か考えず、経済成長に成功して、いい思いをしてきた。日本人は、そこからなかなか脱却できない。

僕はNHKの『課外授業ようこそ先輩』という番組で、卒業した滋賀県彦根の小学校6年生に授業をしたんです。初日にこんな宿題を出した。「日本は戦争に負けたけど、負けてよかったか悪かったのか。どっちでもいいけど、家に帰ったら今晩中に、お父さんやお母さんではわからないと思うから、おじいさん、おばあさんや近所のお年寄りに聞いて、戦争に負けてよかったか悪かったか調べてほしい。明日それについて討論しよう」と。

翌日、子どもたちを二つに分けて討論しようとしたら、なんと全員が「戦争に負けてよかった」派だった。仕方ないから、学級委員だったか3人ばかりを急遽「悪かった」派に仕立てて討論した。対米従属で悪くなかったという思いが、みんなにあるんです。

百田　負けてそんなに悪くなかったとしても、そりゃあ勝ったほうがもっとよかっただろう、と思いますけどね。

田原　負けてよかったというのは、究極の自虐思想かもしれない。みんな、そこそこいい思いをしてきたから、百田さんのように、3月10日の東京大空襲は米軍の虐殺だなんて怒る日本人はほとんどいないんだ。

「シベリア抑留なんて昔のことを聞かれても困る」とゴルバチョフ

田原 僕は、90年代の末に国連大学で開かれたキッシンジャー（米ニクソン、フォード政権で大統領補佐官や国務長官）、ゴルバチョフ（ソ連最後の大統領）、中曽根康弘（82～87年に首相）の座談会で司会をやった。キッシンジャーに「あなた方は極東軍事裁判で日本人を裁き、何人も死刑にした。それはおくとしても、長崎や広島に原爆を落として20万人以上の市民を虐殺した。この責任はどう取るんだ。だれも取っていないじゃないか」と僕がいったら、中曽根さんは喜んじゃってね（笑）。キッシンジャーは、ちょっと考えて「いや、日本軍や政府の上層部は本土決戦を主張していた。あのとき原爆を落とさず本土決戦になったら、数百万の日本人の命が失われただろう。原爆のおかげで二十数万の犠牲で済んだと思わないか」といった。僕は「そんなの結果論。日本人の命を救おうと思って原爆を落としたわけじゃないだろう」といい、論争になったんです。

百田　当然、アメリカ軍の兵士の命を救うためにやったんですね。それからソ連に実力を見せつける必要があった。実戦データもほしかったでしょう。

田原　ゴルバチョフには「戦争が終わると、ソ連は関東軍はじめ満州にいた民間人数十万人をシベリアに連れていき、10万人以上死なせた。この責任はどう取るんだ」と聞いた。ゴルバチョフは「そんな昔のこと私に聞かれても困る」(笑)といった。正直というか、無責任というか。

百田　いや、日本人は、本当にゴルバチョフと同じことをいいたいですよ。南京虐殺で何人殺したといわれたら、「そんな昔のことというな。わしらのおじいちゃんたちのやったことや」と。おじいちゃんが犯罪者やったら孫まで責められるんか、とね。

南京虐殺は、あったのか？　なかったのか？

田原　その南京事件について話しましょう。もっと事実が語られるべきだと思う。南京虐殺は「あったのか。なかったのか」といえば、あったんです。それが「大虐殺」だったかどうかはさておき、「虐殺」と呼べる出来事はあった。僕は歴史学者の秦郁彦という男を信用していて、だいたい彼の説でいいと思っています。

1937（昭和12）年当時、南京は中華民国の首都で、蔣介石も南京防衛司令官も最後まで徹底抗戦するといっていた。日本軍は上海で苦戦の末に勝って、そのまま南京に行った。工兵や補給部隊はついていけず、軍人だけが行ったんです。でも、蔣介石は12月7日に南京から逃げ、司令官も12日に逃げちゃった。南京陥落は13日です。

大混乱の南京で、中国兵は軍服を脱いで市民の服に着替え、逃げたり市内に隠れたりした。いわゆる「便衣兵」で、どれが兵士でどれが市民かわからない。そんななか非戦闘員の殺害もあった。そもそも日本軍は捕虜を取らない方針だったから、捕虜を武装解除して追い払った場合もあるけど、そのまま殺した場合もあった。こうして、多く見積もって4万人程度が殺されただろう、と推定するのが秦さんの説。

百田　極東軍事裁判では20万人、南京軍事法廷では30万人説が出たけれど、こんなのはもちろん問題外。4万人でも多すぎる、と僕は思います。秦郁彦さんの『南京事件・「虐殺」の構造』（中公新書）は、1986年版で曽根一夫という兵士の手記を参考にしていた。後に手記が捏造とわかったから、2007年版の増補版では「4万という概数は最高限。実数はかなり下回る」という主旨を書いていますよ。

田原 蔣介石や司令官も無責任すぎた。日本側はビラをまいて南京の無血開城を促し、アメリカ人宣教師たちの南京安全区国際委員会という組織が設定した「安全区」には砲撃もしていない。外国人の施設や邸宅があったこのエリアは、市民や便衣兵が逃げ込んで難民キャンプ状態と化した。中国側は、トップは逃げても兵士に投降命令を出さず、降伏しなかった。こういうことを、もっときちんといったほうがいいですね。

非戦闘員や捕虜の死者が1000人でも「なかった」とはいえない

百田 アウシュビッツ収容所などで虐殺されたユダヤ人の場合とまったく違うのは、ドイツ側がこと細かな記録を残しているし、イスラエル側も戦後徹底的に調べ、いまだに検証を続けている。個人名まで突き止めるような研究をしています。

田原　ナチスがユダヤ人に対してやったのは、まさにホロコースト（大虐殺）やジェノサイド（民族浄化）。ヒトラーの明らかな国家政策だった。抹殺されたユダヤ人の数は少なくとも600万人といった数。混乱する戦闘の現場で起こった南京事件とは違う。

百田　だから、南京大虐殺は風聞にすぎません。でも、歴史的事実もあって、たとえば南京市民の数は20万人だった。日本軍が攻めてくる、えらいことや、籠城せなあかん、食糧はどうするんだ、ということで人口をきっちり数えた。南京攻略の3ヵ月後には、25万人に増えていた。戦闘が始まるというので逃げた人たちが、日本軍が入って治安がよくなったから、みんな帰ってくる。秦さんのいうように4万人も殺したら、なんで5万人も増えるんですか。

田原　その数をいったのは宣教師たちの委員会で、しかも推定でしょう。伝聞や風評に基づくものも少なからずあるけど、彼らは虐殺を証言した。虐殺は信用しないが、人口は信用するなら、根拠を示さないと。そもそも上海派遣軍の記録が「敵方遺棄死体八万四千」なんです。なかには民間人の死体もあっただろうし、生き残って日本軍に追われ、南京に逃げ込んだ者が万単位でいても不思議はない。それに秦さんのいう最大4万人は、現実には2万か1万5000人かもしれない。だけど仮に1000人だったとしても虐殺は虐殺で、「なかった」とはいえないでしょう。「大虐殺はいいすぎだ」とは、いえたとしても。だから「南京はなんだったのか」という話をもう1回やるべきですよ。河野談話なんかより、こっちをやったほうがいい。

百田　私は1000人も疑問に思っています。もし1ヵ月で1000人でも虐殺が行われていたら、いったん南京から逃げた中国人が誰も市内に戻ってきませんよ。市民が全員逃げる。それはそれとして、南京のことは日中で共同研究すべきです。しかし、中国側が、やらないんですね。日本はやろうといっているんじゃないですか。作家や新聞社の記者、カメラマンが大勢従軍して南京に入ったけど、誰も虐殺があったというてないんです。

中国兵も日本兵も、一般人に乱暴狼藉を働いていた

田原 ただ、百田さんにも出てほしかったけど、何年か前『朝まで生テレビ』に日本軍の兵士12〜13人に出てもらって話を聞いた。南京にいた兵士も出てくれて、相当数の死体が川に浮いていたと証言した。

百田 それは捕虜でしょう。

田原 そう。捕虜を収容する施設も食糧もない。補給部隊はおらず戦闘部隊だけだった。

百田 そこは苦労したみたいですね。中国兵を捕虜にしても収容する場所がないわ、逃がしたらまた抵抗するわで。実は、国民党の兵士たちも南京市民を殺している。服を奪うために殺しているんですよね。しかも南京へと敗走するとき村々を焼いていった。国民党の兵隊は民間人から略奪していいという許しをもらっていたから、略奪や暴行など、けっこうむちゃくちゃやったんですよ。だから日本軍が来て、逆に中国の一般民衆から感謝されたという証言はいくつもあります。

田原 そうだけど、だからといって日本軍が捕虜や非戦闘員を殺していいとか、略奪や

暴行を働いていい、という話にはならない。上海派遣軍司令官で南京攻略の最高指揮官だった松井石根大将は陥落の4日後に南京に入り、日本軍の乱暴狼藉を知って激怒した。慰霊祭の直後、みなを集めて「せっかく輝かせた皇威が、兵の暴行によって落ちた」と泣いて叱った、と本人が語っている。泣いた松井のことを笑い、「(暴行など)当たり前」といった師団長はいたけど、誰一人「暴行などなかった」とはいってないんです。

百田 なるほど。たしかに松井さんは東京裁判で絞首刑になっていますね。しかしその罪状には南京虐殺はなかったはずです。つまりそのときは中国側も南京虐殺なんかなかったと見ていた証拠です。

田原 A級戦犯容疑だったけど「平和に対する罪」で無罪、「通例の戦争犯罪」で有罪となったB級戦犯。「大亜細亜主義」を掲げた根っからの親中派、日中提携派でした。松井石根は日本軍の「組織的な虐殺」は、はっきり否定した。でも、最高指揮官が泣いて叱った乱暴狼藉があれば、常識的に考えて、殺された中国人もいたでしょう。

百田 それはあったと思います。戦争中ですから。日本でも戦後、占領したアメリカ軍兵士に一般市民が何千人も殺されていますし、何万人という女性がレイプされています。許せないことですが、戦争という非常時の中では、どうしても起こってしまう悲劇です。

東京大空襲や原爆投下に怒らないのも自虐思想では

百田　中国人は南京の問題をいまだに怒っていますが、東京大空襲にしても広島・長崎の原爆にしても、日本人は怒っていませんね。いまの日本人は全然怒ってなくて、むしろ仕方ないと思っている。これも自虐思想や、と私は思います。

田原　その日本人の怒らないところが、逆に世界から驚かれ、ほめられる。たとえば3・11東日本大震災や福島第一原発事故。外国であんな大災害や大事故が起こったら、必ず暴動や略奪が起こる。でも、日本では何にも起こらない。いつ来るかわからない列車を、みんな列をつくって黙って待ち続ける。しかも天皇や皇后がお見舞いに行くと、みんな泣いて喜ぶ。そういう国民なんじゃないか（笑）。

百田　私は1995年1月の阪神・淡路大震災に遭遇しました。家は無事だったんですけど、近くでこんなことがあった。周囲の家がつぶれてコンビニだけ残ったんです。みんなそこに食べ物や飲み物を買いにきたが、カネがない。家が燃えているから、財布すら持ち出せずに逃げて。するとコンビニの店主が「名前だけ書いて、どうぞ持っていってくれ」といい、みんなそうした。コンビニの商品はすっかりなくなってしまった。

ところが、事態が落ち着くと、食糧やペットボトルなんかを持っていった人が「あのときは助かりました」とおカネを持ってきた。集まった金額を数えたら、消えた商品の何倍もの分があったと。これが日本人なんですよね。

3・11のとき、東北で米軍ヘリコプターが救援物資を運んだ。いろんな場所で救援物資を運んだ経験があるパイロットは、下りて民衆にブワーッと取り囲まれるのが怖い。だから、学校の校庭におそるおそる着陸した。でも誰も殺到しない。代表が一人近づいてきて「ありがとうございます」と礼をいい、みんな整然と並んで物資を受け取った。しかも、まだ渡している途中に代表が「自分たちはこれで充分。残りは別の場所に持っていってください」といった。米軍兵士は、それはそれはびっくりしたようです。これが日本人です。

田原　そんな日本人のよさと、日本人が大空襲や原爆に怒らないことは、イコールなんじゃないですか。どちらも性根から自然に出てしまう。「黙って整列するのはいいけど、大空襲や原爆にはもっと怒りなさいよ」といっても、性格的にできない（笑）。

百田　そんな国民性もある。ただ、広島の原爆の石碑があるでしょう。「安らかに眠って下さい　過ちは繰返しませぬから」って、あれは絶対におかしい。広島の原爆について、日本人は何ら過ちなど犯していません。やったアメリカが悪い。

田原　うん、あれは間違い。冗談じゃない大間違いだ、と広島の『朝生』でやりました。

百田　日本人は、これをひどい文章だと思う人と、それほどひどくないと思う人の二つに分かれる、と思うんです。「自分たちがあの戦争を起こしたことによって、広島の人たちが犠牲になった。だから私たち日本人が謝るんだ」と思っている人は、やっぱり自虐思想に毒されている。そう私は考えています。

「真珠湾攻撃は騙し討ち」というが、アメリカが騙されたふりをした

田原　そう思っている人は、だんだん少なくなってきたと思うけど。もう一つ、日本人が自分たちの過ちと思い込んでいるのは、アメリカが「真珠湾を奇襲攻撃され、日本に騙されたといっている問題です。在米日本大使館が政府が打電した宣戦布告（最後通牒）の解読や文書作成に手間取った。タイピストを使うな、なんて指示があったからね。結局、真珠湾攻撃が始まった1時間後、来栖三郎特命全権大使と野村吉三郎大使が米国務省でハル国務長官に手渡した。

百田　一般的には「騙し討ち」と思われていますね。アメリカでも日本でも。

田原　でも、アメリカ側は日本の暗号を解読していたから、日本の大使が持ってくるのは宣戦布告文書とわかっていた。わかっていて、騙されたふりをしたんです。真珠湾が攻撃されると認識していたかどうかは、もちろん別問題ですよ。

百田　しかも、日本人はみんな、結果的に騙し討ちになってしまったのはかっこ悪い、恥ずかしい、と思っている。でも20世紀の戦争を調べたら、宣戦布告して始まった戦争なんて「ない」んですよ。戦争というのは、もともといきなり始まるものなんです。アメリカ軍のベトナム戦争、多国籍軍の湾岸戦争やイラク戦争、いずれも宣戦布告をしてない。

田原　ただ、日清戦争のときは清に「第二次絶交書」を渡し、日露戦争でも最後通牒を送った。湾岸戦争では「91年1月15日をイラク軍のクウェートからの撤退期限として武力行使する」という国連安保理決議を採択した。イラク戦争でも米ブッシュ大統領が「フセイン大統領と家族は48時間以内に国外退去せよ」という最後通牒を出した。こういう国交断絶や最後通牒は、国際法上は宣戦布告と同じでしょう。

百田　そうならば、昭和16年11月26日にアメリカが日本に突きつけた「ハル・ノート」は事実上の最後通牒のようなものじゃないですか。アメリカが宣戦布告同然のことをいって寄こしたんだから、日本はいつ開戦しても不思議はないことになる。

田原　そうそう。だから問題は微妙なわけ。

百田　でも、多くの戦争が宣戦布告なしで始まるのに、大東亜戦争のときはちゃんとやろうと思って、最後通牒を出したんですよね。ただし持っていくのが1時間、遅れてしまった。日本人は、アメリカを騙すようなひどいこと、恥ずかしいことをしたのかと。

田原　1時間遅れなら、タイピストを使えば間に合った。使えばよかったんだ。アメリカに渡す文書なんだから、タイピストに内容が漏れたってかまわない。渡す時刻まで部屋に閉じ込めておけばいいんでね。だから、外務省は恥ずかしいといえば恥ずかしいけど、日本人全体が恥ずかしいことをしたわけじゃない。騙すつもりもなかった。アメリカが騙されたふりをして「リメンバー・パールハーバー!」と国民を焚きつけたって話。

百田 仮にアメリカが騙されたとしても、そんなの当たり前でしょう。戦争なんて、そもそも、そういうものなんだ。別に日本が正義を貫いたとはいわないけど、必要以上に恥ずかしがることではないと思う。しかしアメリカは東京大空襲や広島・長崎の原爆投下を「お前たちが真珠湾で騙し討ちのような卑怯なことをしたからだ」といって、日本人のせいにしたものだから、日本人はすっかり贖罪意識を植えつけられてしまった。

太平洋戦争をやりたかったのは、日本でなくアメリカだ

田原 太平洋戦争をやりたかったのは実はアメリカだ、と僕は思っています。日本は勝

てないんだから、本当はなんとか避けたかった。必ず勝つという見込みのない戦争なんて、誰だってやりたくないですよ、昭和天皇も近衛文麿も東條英機も。東條が最後は反対してくれるかとアテにしていた海軍は、予算がほしいというので賛成に回ったんですね。

百田 海軍は、石油がなくなることへの危惧が大きかった。だから開戦を急いだ。

田原 坂野潤治さんによると、アメリカはこう考えた。朝鮮半島を取って満州国をつくった日本は、上海から南京、さらに中国奥地へと進み、インドシナまで進出した。このままでは、日本はヨーロッパを席巻した「第二のドイツ」になってしまう。そうなる前にやっつけなければ、アメリカの脅威になる。だからハル・ノートは、やっぱり日本をやっつけようという文書。本当に戦争をやりたかったのは、日本ではなくアメリカじゃないか、というのが坂野さんの意見です。

百田 その通りだと思います。アメリカはドイツと戦争したかった。日本と開戦すれば、三国同盟を結ぶドイツとも戦争になりますから。で、対日石油禁輸をしたら当然、日米戦争しかないとわかっていた。

田原 マッカーサーが1951(昭和26)年5月3日、米上院でそのことを証言している。

百田　「日本には原産のものがカイコを除いて事実上ない。綿も羊毛も石油製品も錫もゴムも、その他多くのものがない。それらはすべてアジアの海沿いにあった。彼らはその供給を断ち切られたら1000～1200万人が失業すると恐れた。だから、彼らが戦争へと向かった目的の大部分は、安全保障によって決められた」とね。

石油を禁輸されたくらいで戦争をするのか、という人がいたとしたら大間違い。いまサウジアラビアは親米ですけれども、仮に政権交代して「アメリカに石油を売らない」っていったら、アメリカはサウジアラビアをボコボコにして木っ端みじんにしますよ。当時の日本は、アメリカから石油の80％を輸入していた。そういう意味では、日本はアメリカと外交的にうまくやらんとダメでしたね。

70年もの間、戦後、戦後といい続けてよいのか

田原　2015年は戦後70周年です。僕は、70年もの間「戦後」「戦後」といっているのは、いくらなんでも長すぎると思う。やっぱり新しい時代をつくらなきゃいけ

ない。

百田　まったく同感です。ロシア革命が始まったのは1917年で、社会主義ソ連が崩壊したのが91年。この間だいたい70年です。ある思想が一つの国をつくり、その後ガタガタになってその国がなくなってしまうのに、70年かかるのかなって（笑）。

南京事件の1937（昭和12）年はいまから77年前で、ソ連の歴史よりも遠い昔。そこから70年さかのぼると1867年で、これは江戸時代の末ですよ。ってことは、いま大東亜戦争について議論するのは、昭和10年頃の日本人が、幕末の井伊直弼の暗殺がどう戊辰戦争がこうと議論するようなものかもしれない。昭和の日本人は、そんな議論をしていたかどうか。

田原　ちゃんと議論していたら、南京まで行かなかったかも（笑）。だから僕は、安倍晋三さんのいった「戦後レジュームからの脱却」というのは、とても新鮮で刺激的なんですよ。そこで問題は、じゃあ戦後レジュームというのは何なんだ、となる。

百田　私は安倍さんに「戦後レジュームって何のことですか」と、ちゃんとは聞いていません。でも「戦後の自虐思想のことや」と勝手に解釈しているんです。

田原　戦後の日本には、いろいろなものが新しく登場した。象徴天皇、基本的人権、女性参政権、小作でない自営農家、労働組合と、数え切れない。そのなかで二つの戦後レジームについて話したい。一つは「A級戦犯」で、もう一つは「憲法」です。どちらも安倍さんのいう「脱却」が必要だ、と僕は思っている。

百田　じゃあ、私と変わらないじゃないですか(笑)。

A級戦犯を事後法で裁いた極東軍事裁判は、インチキ裁判か

田原　A級戦犯からいきましょう。読者のために解説すると、A級やB・C級というのは「罪の重さ」ではない。(a)平和に対する罪、(b)通例の戦争犯罪、(c)人道に対する罪という「罪の種類」です。それぞれ大雑把にいえば、戦争を始めた罪、非戦闘員の殺害や捕虜虐待などの戦争犯罪、ナチスのユダヤ人虐殺のような大量殺人や奴隷化の罪。これはドイツの戦犯を裁いたニュルンベルク裁判も東京裁判も同じです。

問題は、(a)と(c)が、1943年半ばから英チャーチル首相が米ルーズ

ベルト大統領と協議して10月に設置した「連合国戦争犯罪捜査委員会」の議論で登場したこと。日独の敗戦が決定的になったとき、チャーチルやルーズベルトが「平和に対する罪」「人道に対する罪」をつくったも同然で、こういうのを事後法というんです。

百田 日本国憲法第39条には「何人も、実行の時に適法であつた行為又は既に無罪とされた行為については、刑事上の責任を問はれない」とある。事後法や遡及法で裁くのはダメだ、と。いわゆる「法の不遡及」ですね。罪刑法定主義といって、近代法の基本的概念の一つです。

田原 そうです。何かやった後に法律と罪をつくって「お前はナントカ罪だから死刑」なんてインチキ。だから極東軍事裁判はインチキ裁判で、それで裁かれたA級戦犯は、実はA級戦犯ではない、という言い方もできます。

ただし、連合国の占領を終わらせて独立する1951年、日本は各国とサンフランシスコ講和条約を結んだ。この11条に「極東国際軍事裁判所並びに日本国内及び国外の他の連合国戦争犯罪法廷の判決を受諾」と書いてある。判決を受け入れ、文句をつけないと約束して、独立を回復したわけです。

百田　サンフランシスコ条約第11条ですが、外務省の訳では、accepts the judgmentsという部分を「戦争裁判の受諾」としている。このjudgmentsという言葉は、「裁判」なのか「判決」なのか。田原さんはいま、「判決」といわれましたが、厳密にいえば、複数になっているから「諸判決」とすべきでしょう。諸判決とは絞首刑、終身禁固刑、禁固刑といった個々のもので、日本が受諾したのは、この「諸判決」で、さらにこの第11条には、「日本の勧告と刑を課した国の決定があれば、これらの拘禁されている者を赦免し、減刑し、及び仮出獄させることができる」とあります。昭和33年、日本政府は戦犯を赦免して釈放しています。これらのことは当然、極東軍事裁判に加わった国々に伝えているはずなのに、彼らからはなんの抗議も非難もされていません。つまり、国際的に赦免が認められていると見て間違いはないはずです。

繰り返しますが、日本が受諾したのはあくまで「諸判決」であって、東京裁判が日本に下した「歴史観」ではない。けれども、7年も占領されていた挙げ句の政治的な問題だから、やむをえずあらがいがたい部分もある、というのが現状でしょう。

田原　だから極東裁判の結果は覆せない。仮に日本政府や安倍さんが「東條英機元首相は無罪だ」といえば、世界のほとんどの国が猛反発するでしょう。これは、できない。

百田　私は日本政府ではない民間人ですから、A級戦犯を断罪した東京裁判は間違っていた、と主張しますけれどもね。

主権回復直後の昭和27年5月、戦犯拘禁中の死者はすべて「公務死」、戦犯逮捕者は「抑留又は逮捕された者」として取り扱われるという法務総裁通達が出され、民間でも戦犯釈放運動が盛り上がって、旧連合国に対し赦免勧告を行うよう政府への要請が繰り返し行われました。戦犯赦免を求める署名はのべ4000万人も集まったという。そうした国民の熱意に押されて政府は旧連合国に赦免・減刑勧告を行い、国会でも戦犯赦免に関する決議案が社会党も含めた賛成を得て、何度も可決されています。

田原　赦免や減刑の国会決議が何度かあったけど、「A級戦犯は罪がない」なんてことにはなってません。戦後何年もたって巣鴨刑務所や各国の刑務所に戦犯が拘禁されているのは遺憾だとか、日本人を赦免し帰国させてくれた国に感謝するという決議です。罪を犯した軍人、たとえば二・二六の青年将校には恩給や遺族年金が出ない。でも戦犯は犯罪者ではないから出す、といったこともあった。これも名誉回復ではないですね。

百田 そうかな。私はそうは思わない。サンフランシスコ講和条約後、国会では党派を超えて戦犯の名誉が回復されるべきだという意見が出されています。昭和30年7月19日、衆議院本会議でこれまた党派を超えて「戦犯問題の全面的解決」を求める決議がなされ、これを踏まえて戦犯の釈放が行われました。何度もいいますが、この決定に関して、アメリカを含む極東軍事裁判に関わった国は何もいっていません。

A級戦犯たちは、自ら罪を買って出たのか

田原 実は極東裁判のA級戦犯というのは、連合国によってA級戦犯にさせられたんじゃないと、僕は思っている。彼らはA級戦犯という罪を背負ったんだ。なぜか。天皇を守るためですよ。A級戦犯容疑の逮捕者は100人以上ですが、起訴され

たのは28人。絞首刑7人（B級の松井石根を含む）、終身刑16人、有期禁固2人、判決前病死2人、起訴取り消し1人。
後に靖国神社が「昭和殉難者」として合祀したのは、死刑と勾留・服役中に死亡の14人です。彼らは天皇の罪を被るためにA級戦犯を買って出たんだ、というのが僕の考えです。

百田 えぇっ!? 本当ですか？ 田原さんがそう解釈するのは自由ですけど、本人たちは買って出てなんかいない、と思いますがね。

田原 いや、買って出たと思う。というのはね、東條さんはピストル自殺を図って失敗した。自殺していたら、みんなに軽蔑されたと思います。服毒死した近衛文麿さんが尊敬されないようにね。昭和天皇は近衛さんのことを「近衛は弱いね」といった。ピストル自殺に失敗してからは、東條さんは全部自分で罪を被ろうとした。極東軍事裁判では、それに徹している。ほかのA級戦犯もそうだった。だから、「A級戦犯＝犯罪者」というふうには、僕は思っていません。

百田 彼らが天皇を守ろうとしたのは、その通り。戦前の政治家や軍人としては当然ですよ。A級戦犯が犯罪者ではないのも当然。でも、彼らは罪状認否で「有罪か無罪か」と聞かれて「無罪」といったんだから、罪を買って出たとまではいえないでしょう。

田原 いずれにせよ、国内法と国際法とは違う。A級戦犯は国内法で裁かれたのではないから、犯罪者というのは間違い。でも国際法は戦勝国が決めるんですね。

百田 国際法というのは、まあ、あってないようなものです。その時々の大国の都合でルール変更や、解釈変更が行われるものだとすれば、日本は戦後のマッカーサー証言をもって反論の材料とすることもできます。先ほど話したように、マッカーサーは、1951年5月3日に米上院軍事外交合同委員会で行われたアメリカの極東政策をめぐる公聴会の席で、日本の戦争動機について問われ、「日本の戦争の動機は、大部分が安全保障の必要に迫られてのことだった」と答えています。「極東国際軍事裁判所条例」の発令者であるマッカーサーのこの証言は、戦勝国による東京裁判の訴因否定にも等しい。マッカーサー証言を内外に広めることができれば、日本人の自虐史観を拭うことができるはずです。

田原 日本では「国連」「国際連合」といい、国連主義や国連重視が強調されますね。でも、英語で「United Nations」は「連合国」で、日独伊その他の枢軸国以外の国の呼び名です。だから国連憲章には、いまだに敵国条項が残っている。国際法というのは勝った国がつくるものだからね。「戦後レジームからの脱却」というときは、ここを整理しなければいけない。この問題をどう解いていくかは、安倍晋三さんに問われている大きなテーマだと思います。

1985年より前は、中国は首相の靖国参拝を問題視していない

田原 その安倍さんは2013年12月26日、靖国神社に参拝しました。自虐史観に関係するいちばん大切なところなんだけど、靖国神社についてはどう考えますか？

百田 私は、靖国参拝はよいと思います。普通のことだと思うんです。国のために戦った人たちを祀り、その国のトップがお参りして、尊崇の念をあらわすというのは、世界中どこでも行われていることだ、と思うんです。

田原 各国の英雄墓地と靖国神社が違うのは、靖国は入っている軍人の御霊246万余柱が祭神、つまり神様だ、という点です。さらに問題とされるのは、靖国神社にいわゆるA級戦犯が合祀されていること。だから歴代首相は行かないわけです。

これはどう思う？

百田　いや、もともとは普通に行っていたんでね。

田原　たとえば中曽根康弘首相は1985（昭和60）年8月15日に公式参拝した。その直前に野田毅を特使として送り、中国トップだった胡耀邦に「靖国を公式参拝したい。認めてくれとは言わないが、一応了承してほしい」と伝えた。胡耀邦は了承したんです。だから、靖国参拝を朝日新聞が批判しても、中国はしばらく批判しなかった。中国から批判が出たのは2週間後で、しかも胡耀邦批判というかたちだった。これはよくないということで、中曽根さんはその後、行かなくなったんです。

百田　いやいや、A級戦犯を合祀したのは78年10月で、最初は知られないようにやったけど、79年4月19日には新聞が報じた。直後の79年4月21日から85年8月15日までに、大平正芳、鈴木善幸、中曽根康弘の3首相が合計22回、靖国神社に参拝しています。大平さんは敬虔なクリスチャンだと思うけど在任中3回、鈴木さん9回、中曽根さん10回。この間、中国は一言も文句をいってない。

その後は、橋本龍太郎、小泉純一郎、安倍晋三の3首相がそれぞれ1回、6回、

1回。だから「A級戦犯が合祀されているから」歴代首相が行かない、とはいえませんよ。

天皇はなぜ、靖国神社に行かないのか

田原 わかった。「A級戦犯が合祀され、各国の批判があるから」行かない歴代首相もいた、と言い換えてもいい。そこで、なんで天皇は行かないんですか？

百田 これは難しいですね。天皇陛下のお気持ちを勝手に忖度はできませんから。

田原 A級戦犯は、もともと靖国神社に合祀されていなかった。それを松平永芳・宮司が合祀した。日本経済新聞がスクープした「富田メモ」（富田朝彦・元宮内庁長官が手帳や日記に残した昭和天皇の発言メモ）によれば、天皇は「あれ（A級戦犯合祀）以来参拝していない　それが私の心だ」といった。富田があのメモを残したのがいいか悪いかは問題で、僕は発表したのはどうかと思うけど。それはさておき、天皇が靖国神社に行かないことをどう思う？

百田 昭和天皇が靖国参拝をしなくなったのは、A級戦犯が合祀されたからだと左翼マ

スコミはいいますが、私はそれは疑問だと思っています。なぜなら昭和天皇が靖国参拝をしなくなったのは、A級戦犯が合祀される2年前の76年からです。つまりA級戦犯が合祀されたのが原因ではないのです。では、何が原因かと言うと、75年に当時の三木首相が靖国神社を参拝した際、取材記者に「私的立場で参拝をした」と発言したことではないかと思います。マスコミはその発言を取り上げて、公人の靖国神社参拝は「私的参拝」か「公的参拝」かが国会で大きな問題になりました。昭和天皇は自分が行けば、また「私的か公的か」ということで騒がれ、自らの靖国参拝が政治問題化することを恐れて、その翌年から参拝を自粛された可能性が高いと見ています。たまたまその2年後にA級戦犯が合祀されたから、マスコミは都合よく、それが原因だと書きますが、私は違うと思います。さらに言えば、「富田メモ」もどこまで正しいのか疑問です。

そもそも昭和天皇は、「占領軍にとっては犯罪者であっても、日本にとっては功労者」、「朕の忠良なる臣僚」とおっしゃっていたはずです。『昭和天皇独白録』でも明らかなように、天皇は東條英機に対する信頼と同情のお気持ちを隠しておられない。そんな昭和天皇がA級戦犯が合祀されたから靖国に行かないというのは不自然です。

もし昭和天皇が心底からA級戦犯の合祀がご不快ということならば、なぜ親拝に代わる勅使の差遣は続けられたのか。靖国だけでなく、山口県護国神社などA級戦犯を祀る護国神社にも幣帛料が下賜されてきた事実があり、これは今上陛下もお変わりないはずです。今上天皇には、靖国に行っていただきたい、と私は思います。行くべきですね。ただ、私は戦後生まれだからわかるんですが、マスコミは私の若いころからずっと「靖国に行くやつは右翼だ」というキャンペーンを張ってきた。憲法改正を口にするやつは右翼や軍国主義の類だ、と片っ端から決めつける。このマスコミの洗脳はすごい。天皇陛下は戦前の昭和8年生まれですが、そんな戦後マスコミの影響を受けていると思うんですよ。

B・C級戦犯は祀っていい、A級戦犯はダメという理屈が成り立つか

田原　そういうことも承知のうえで、天皇は靖国に行かないんだと思う。靖国に祀られている英霊の遺族たちは、誰よりも天皇に行ってほしい。だって、天皇のために

死んだのだから。だけど行かない。あるいは行けない。行けるようにするには、何かしなければいけない。では、どうすればいいか。これが難しい。

僕はなまじっか戦争を知っている世代だから、発想に限界があるのかな、とも思うんだけど。小泉内閣のとき小泉純一郎さんと「靖国神社に代わるアメリカの国立アーリントン墓地みたいなものはどうだろう」と相談したことがあります。どう考えればいい？

百田 よくわかりません、それは。天皇がどういうお気持ちかも、私はわかりません。ただ、天皇陛下も昔は行かれていましたから。

田原 だから、A級戦犯が合祀される前は。

百田 何度もいうように、その因果関係は不明です。ただ、なぜこの人がA級戦犯で、この人は訴追すらされないか、とバラバラですよね。同じ連合軍でも各国が自分の利権を持っていて、「俺こいつ嫌いやからA級戦犯や」とか、「こいつは将来利用したいんで、A級戦犯から外しとこか」とか、デタラメでしょう。元首相の広田弘毅は、なんでA級戦犯なのかとか。A級戦犯もB級戦犯もC級戦犯も、極東軍事裁判が勝手にそういっているだけの話。それに従って日本人がいちいち戦死者を区別する必要などまったくない、と私は思っています。

田原　松平宮司の前は、筑波藤麿という人が昭和21～53年まで30年以上宮司を務めた。この間にB・C級戦犯が祀られています。たとえばマニラの軍事法廷で絞首刑になった山下奉文大将とかね。それでも問題は起こらず、昭和天皇も靖国に行っている。A・B・Cは連合国側の区分だけど、日本国民から見れば同じなんですね。B・C級戦犯はオーケーでA級戦犯だけダメという理屈は、日本では成り立たないんじゃないか。にもかかわらず、天皇は行かない。非常に難しい問題なんです。

首相の靖国参拝が、中国にとって使えるカードになった

百田　小泉首相は、ずっと靖国に行ってましたね。2001年から06年まで毎年1回必ず参拝した。そのうち中国は、あまり文句をいわなくなったと思うんです。だから中国も韓国も、対日カードとして使えるかどうか、とにかく文句をつけてみる。そこで日本が引いたら、使えるカードだから大事にして、なんかあったとき出す。日本が引けば引くほど、カードを切ってくる。靖国も南京も従軍慰安

婦も中国と韓国のカード、切り札なんです。ところが小泉時代に、どうも靖国カードはあまり通用しないようだ、ということになった。

田原 小泉さんは確信犯で、カードがきかない。

百田 小泉さんのあとの第一次安倍内閣で、安倍さんは行かなかった。次の福田康夫さんは「靖国はどうしますか」と新聞記者に聞かれて、「人の嫌がることはしてはいけないでしょう」といった。日本人は「何これ、どこの首相やねん。中国の首相かい」と。このとき中国に「ああ、この靖国カードは使えるんだ。強い切り札だ」と思わせたんですよ。

小泉さんのような調子で歴代首相が淡々と行き続けていれば、今日アメリカなんかがガタガタいうような問題にはならなかっただろう、と思っているんです。

田原 大きな問題は、中国や韓国よりも、まさにアメリカですよ。13年12月に安倍さんが参拝したとき、アメリカは「失望」とまで口にした。その前の10月には、米国務長官と国防長官がわざわざ千鳥ヶ淵の戦没者墓苑で花輪を捧げて黙祷した。アーリントン国立墓地のようにやるのはこっちだぞ、とサインを送ってきたわけ。小泉さんのときは「失望」なんてけっしていわなかった。ブッシュと小泉さんは非常にうまくいっていた。

百田 当時は靖国問題は後退していたし、中国も文句をいわなかったんですよ。

田原 小泉さんに僕が「靖国に行くあなたは、A級戦犯をどう思っているのか?」と聞いたら、「自分はA級戦犯なんか見ていない。戦争の犠牲になった310万の人たちのために行くんだ」「A級戦犯はA級戦犯だ」と言い切った(笑)。『サンデープロジェクト』で2回同じことをいった。小泉さんは極東軍事裁判に文句をつける気はないんだ。ここが「戦後レジュームからの脱却」をいう安倍さんとの違いなんですよ。

憲法前文に書いてある前提が、間違っている

田原 戦後レジュームの二つめ、憲法についても話したい。百田さんは、いまの憲法をどう考えていますか?

百田 憲法9条を持つ日本国憲法を、みなさん「平和憲法」っていうんですけれど、あれは実質的にアメリカが押しつけた憲法です。戦争が終わった直後は、徹底した

白人重視主義。9条でアメリカが日本に交戦権を与えなかったのは、アジア人の黄色い猿どもが、偉大なる白人様に二度と刃向かわないようにするためだった。

田原 あの憲法を押しつけて日本をそういう国にしたんだ、と私は思っています。僕が憲法でいちばんけしからんと思うのは「前文」なんだ。とくに「平和を愛する諸国民の公正と信義に信頼して、われらの安全と生存を保持しようと決意した」という部分です。問題は二つ。「平和を愛する諸国民の」とあるから、平和を愛さずに滅んだのは日本とドイツだけで、それ以外はすべて平和を愛する国だ、といっている。大間違い。そして「公正と信義に信頼して、われらの安全と生存を保持」とあるから、自分で自分を守るといってない。ここも問題。

百田 おっしゃる通り。前提がむちゃくちゃなんですよ。私はテレビで「憲法の前文を変えるべきだ」といったことがあるんです。「『平和を愛する諸国民』は『諸国民が公正で信義ある場合に限って』と改めろ」と(笑)。そのときは日本も、ちゃんと正しく生きていく。平和を愛しているとは見えず、公正でもなく信義にもとる諸国民を、なんで信頼せなあかんのだ、とね。まわりの出演者たちは、この人何をいってるのかなって感じで、みんなボーッとしていました(笑)。

たまたま戦後70年間、日本が平和だったから、多くの人が「憲法第9条はすばらしい」という。でも、これって清朝末期に興った義和団に似ていると思うんです。義和団というのは、梅花拳や義和拳という武術と宗教が合わさったような集団ですね。キリスト教ともめたりしていたのが勢力を急拡大して、1900年には20万人が北京に入城。結局、日本や欧米列強と戦ってボロボロにされたんですけれども。

田原 鉄砲の弾が当たっても死なない。

百田 そうそう。義和団は孫悟空なんかを崇拝していた。神が乗り移った者は相手の刃も弾丸も跳ね返せるようになるんだ、と。憲法第9条も同じで、これがある限り日本は戦争に巻き込まれない、と思っている人が多いでしょう。でも、9条だけでは、義和団が列強にボロボロにされたように、やがてボロボロにされますよ。最近、私は「9条教」といって、よく怒られるんですけれど。

憲法を改正して、第9条に「侵略戦争はしない」と書けばよい

百田　改憲派も護憲派も目的は一緒でしょう。日本はいつまでも戦争に巻き込まれない平和な国でありたい、という思いは同じ。どちらも「戦争を絶対に起こさせない」という目的がある。ところが、なぜ改憲派と護憲派はこうも違うのか。両者のリアリティが違うからだ、と思うんです。具体的にどうすべきか、という部分がまるで違う。

改憲派の私は「軍隊をもって戦争を抑止する」と考える。21世紀の世界にある軍隊のほとんどが「戦争抑止のための軍隊」ですね。軍隊があるからこそ戦争が起こらないんです。戦後から今日まで、ずっとそうでしょう。ヨーロッパでNATO軍とワルシャワ条約機構軍が向き合っていたけど、戦争は起こらなかったじゃないですか。

田原　双方に核兵器があったからね。核が抑止力だから。憲法第9条を掲げる日本にだって、在日米軍と世界最強の米第7艦隊がいたし、核兵器もあった。

百田　そうなんです。核がもっとも大きな抑止力になっている。だからこそ北朝鮮は、核がほしい。核を持ちミサイルも持って軍備を増強する。

一方、護憲派は「何をもって戦争を抑止する」という具体的なプランがない。

戦争を起こさないためにこうする、と誰一人提示していませんよね。だから「憲法第9条を守って平和平和と唱え続ければ、戦争は起こらないはずだ」と思っている、と判断するしかない。どちらにリアリティがあるか、ということだと思います。

田原 僕は護憲派じゃないですよ。憲法を改正すべきだと思う。少なくとも前文は変えなければならない。安倍さんにもいったのは、憲法第9条の1項はそのままでいいが、2項は変えるべきだと。交戦権の放棄は「侵略戦争はしない」と書けばいいんです。

百田 賛成です。「侵略戦争はしない」と書けばいい。同時に、「他国が日本国民と日本の領土を脅かすときは断固として戦う」と書けばいいんですよ。

――言霊の国では、平和平和と唱えれば平和になるのか

百田 日本が韓国に竹島を取られたときは、まず大統領の李承晩が1952年1月に李承晩ラインを勝手に設定し、1年後にラインを越えた日本漁船の徹底的な拿捕が

始まり、53年4月に民間義勇隊が島を占拠した。このとき日本に自衛隊はなかった。警察予備隊、保安隊をへて自衛隊が創設されたのは54年7月1日です。この経緯を見るだけでも国防がいかに大事かわかると思うんですが、朝日新聞などにはわかってもらえない。

田原 朝日新聞だけじゃない。日本人の大多数が、実は国防を考えてないんですよ。いまだにそうで「いざとなればアメリカが助けてくれるだろう」と思っている。小林よしのりさんの本で知ったのは、イラク戦争後にサマワに派遣されて帰国した自衛隊員のうち28人が自殺しているんですね。相当悩みがあったんでしょう。

百田 えええっ⁉ 知らなかった。見たくもないものを見たんでしょうね。

田原 もちろん派遣とは無関係の自殺もあるだろうけど。同じ本に自衛隊の殉職者数が1700人以上とあった。毎年10月に自衛隊殉職隊員追悼式が開かれており、平成26年度の追悼式(2014年10月25日)までの累計は1851人です。

百田 訓練中の事故で亡くなった人が多いのかな。訓練ではないスクランブル発進とか、哨戒中、救助活動中の事故もあるでしょうね。

田原 日本では、そういうことがまったく報道されません。集団的自衛権の行使で自衛隊員が死ぬんじゃないか、といわれているけれど、すでにそういう事実がある。それでも日本人の多くが、安全保障を考えないことが平和なんだ、と思っている。平和平和と念仏を唱えたら平和になる。だから一種の宗教に近いんですよ。作家の井沢元彦さんがよくいうように、日本は言霊の国で言霊信仰が支配している。

百田 日本人は忌み言葉を言い替えますね。結婚式で「切れる」「別れる」は禁句。「会を閉める」は「お開き」。受験生の前で「滑る」は絶対ダメ。「スルメ」は「アタリメ」。言葉に魂があると思っているから、日本人は昔から悪いことはいわないんです。

有事立法ができない理由は、これですよ。「こういう事態が起こるとやっかいだから、法整備をしましょう」といいたいけど、「こういう事態が起こる」といえない。大東亜戦争のときもそうで、軍人たちは「作戦が失敗したらどうするか」という意見がいえなかった。「失敗したら、とは何事か！」と怒られちゃう。勝つ想定しかできないから、日本軍はあらゆる作戦に失敗していった。同じことが依然として続いている。

福島第一の原発事故で、現場にアメリカのロボットが入った。なぜ日本のロボットが入らなかったのか。東京電力には緊急時にロボットを入れる計画があったらしいんですが、実現しなかった。というのは「事故が起こったらロボットが入ります」というと叩かれるから。「なんだって？　じゃあ事故が起こるのか」といわれてしまう。

田原　僕は福島第一の地元の楢葉町、双葉町、大熊町を取材してびっくりした。どこでも避難訓練を1回もやっていないんです。なぜだと東電幹部に聞いたら、「避難訓練をやると、事故が起こる可能性があることになるから」と。それでは原発が建たない。「絶対安全」といわなければダメなんだ。だから避難訓練ができなかった。

日本はパーセンテージの議論が通用しない。「99・9％大丈夫だ」といっても「0・1％がダメなら、結局ダメじゃないか」といわれてしまう。「100％安全」というしかないから、事故を想定した訓練ができない。百田さんのいう通りなんだ。

テレビに氾濫する「美しき正義論」

百田　リスクを想定しても言葉にできないのが日本人です。言葉にしようがしまいが、リスクは変わらずあるんですけどね。すると出てくる言葉は、現実とかけ離れた美しい理想論、つまり机上の空論ばかりになる。10年以上前に亡くなった評論家の山本夏彦さんがいっていた「茶の間の正義」というやつです。

テレビもそう。ワイドショーも報道番組もコメンテーターがずらっと並び、文化人もおれば作家もおれば新聞記者もおる。彼らがしゃべることを聞いていると背中がムズムズします。その気持ち悪さは、中学生の弁論大会を聞いているよう。理想に燃えた中学生は、弁論大会で美しいことをいっぱい語る。それこそ憲法前文みたいな文章でね（笑）。世の中は善良な人と正義に満ち満ちているから、自分たちも正義の行いをしなければ。テレビのコメンテーターが口にするのは、そんな「美しき正義論」ばっかりです。

田原　僕はそれをブチ壊したいと思って『朝生』や『サンプロ』をやってきたんだ。

百田　特定秘密保護法案でも集団的自衛権でも、テレビは「世界は平和なのに、なんでそんな戦争につながる話を持ち出すんだ」という。また、みんなテレビが好きですからね。私もテレビの仕事をしていますが、こんなにも見るかなと思うくらい、日本人はテレビが大好き（笑）。ネットの影響で減ったといっても、ゴールデンタイムは70％のテレビがついています。こんなメディアって、ほかにはない。テレビが朝から晩までずっと、美しき正義論をタレ流すから、自虐思想が蔓延するのは無理ないのかもしれません。

第3章

韓国とどう付き合えばよいか

ヘイトスピーチは「日本の韓国化」の表れか

田原　第3章では、日本にいちばん近い隣人、韓国について話し合いたい。巷では、嫌韓論・呆韓論・恥韓論・悪韓論と題する本が売れています。まあ、百田さんの本より部数のケタが一つ小さいけど（笑）。下火になりつつあるものの、在特会こと「在日特権を許さない市民の会」に代表される団体が街頭デモでいわゆる「ヘイトスピーチ」を繰り返し、反対派と小競り合いになることもあった。これは人種、民族、国籍、宗教、性別などからくる差別表現なんだけど、とりわけ憎悪や嫌悪を露骨にむきだしにしたものですね。

東京・新大久保あたりのデモのシュプレヒコールが「在日特権を許すな！」ではなく、「ゴキブリ」「石を投げろ」「殺せ！」といった言い方にエスカレートする。若い連中が聞くに堪えない下品な罵声を浴びせ、どうやら中高生も少なからずいるらしい。匿名のネットでは、さらに露骨な表現が氾濫し、やっているのは「ネトウヨ」だとか。ごく一部の未熟な者たちのやることでしょうけどね。

百田　ネットには、私を「ネトウヨ」「極右」と決めつける連中がいますよ（笑）。13年5月に国会でヘイトスピーチについて質問された安倍さんは、「和を重んじる日本人は、人を排除する排他的な国民ではなかったはず。礼儀正しさ、寛容の精神、謙虚さを重視してきた。そのなかで一部の国や民族を排除しようという言動があることはきわめて残念」と答弁した。誰かを誹謗中傷することで自分たちが優れていると思うのは間違いで、それは結果的に自分たちを辱めてしまう、とね。そういうことだと思います。

ただし、「特権」かどうかはさておき、問題がまったくないとはいえないでしょう。「通名」が認められているとか、生活保護や税制の優遇などという噂もある。朝鮮総連（在日本朝鮮人総聯合会）や民団（在日本大韓民国民団）がワーワーいってくるとうるさいから、いい加減な役所が「このくらいのところは認めとこか」というのは。

田原　うん、ある焼肉店主に「うちは南なんだけど、税務関係だけは朝鮮総連のほうでやってもらう。税務署に何かいわれたことは一度もない」と聞いたことがある。明らかに不合理なことは改めていけばいいけど、「殺せ」なんていうのはおかしい。

百田　私は「在特会のやってることを、国家単位でやってるのは韓国と中国。いや、在特会でも韓国人の商店を襲ったりはしないが、以前、中国人は日本の会社や店を集団で襲い、警察は黙認した」とツイートしたことがあります。日本では他国の国旗や政治家の写真を燃やしたりする人はいないけど、韓国は平気でやっていますね。

田原　そこなんです。14年5月に『朝生』で日韓問題をやった。20年以上産経新聞ソウル支局長だった黒田勝弘に出てもらったら、「韓国に30年以上住んでいるが、一般の人々の反日感情は後退している。日本語を使っても問題ないし、韓国人たちは日本のものが大好き。村上春樹の新作が出れば書店に行列ができる」と話していた。

日本の反韓は、韓国でごく一部がやる反日活動のニュースからイメージを膨らませすぎている。問題は韓国人全体ではなく韓国のマスコミだ、というんです。かつて「日本の失敗は韓国の喜び」だったのが、いまや「韓国の失敗は日本の喜び」になったようだ。自分はこれをユーモアで「日本の韓国化」というが、そんな日本の言論の低質化は見るに堪えない。――黒田さんは、こうもいってますよ。

百田　なるほど。

田原　昔は、日章旗や日本の政治家の写真が韓国で燃やされても、またか、しょうがないなと黙殺していた。ところが、経済がパッとせず借金も膨らんで、日本の国に余裕がなくなり、日本人が自信を失ってきた。同時にネットの登場や言論の低質化もあって、昔は口にしなかった罵詈雑言を叫ぶようになったんじゃないか。

百田　なかでも、インターネットの登場は大きいでしょうね。

77年に韓国レポートを書いたら「田原はＫＣＩＡに買収された」

田原　1965年に初めてソ連に行って社会主義に幻滅した、と前に話したけど、韓国ではまったく逆でした。僕は77年に初めて韓国に行き、『文藝春秋』に「韓国――黒い癒着からの離陸（テイクオフ）」というレポートを書いた。当時は、朝日新聞をはじめ『朝日ジャーナル』も岩波の『世界』も、世界でもっともすばらしい国は北朝鮮だ、北朝鮮こそ地上の楽園である、といっていた。その正反対、地上の地獄が韓国だ、とね。

百田　岩波は『韓国からの通信』という嘘八百の本を、ずっと出していましたね。

田原　その著者とはフランスで会ったけど、その話はいいや。当時の韓国は、いまの朴槿恵大統領のお父さん、朴正熙の独裁政権です。朴・陸軍少将は61年5月16日に軍事クーデターを起こし、国家再建最高会議議長として実権を握った。63年12月に大統領に就任し、79年10月に暗殺されるまで大統領。だから僕が行ったのは彼の晩年です。僕は、政治は独裁だが、経済はよくなっている。どんどん強くなっているから、やがて日本にとって怖い存在になるぞ、とレポートしたんです。そしたら『エコノミスト』『朝日ジャーナル』『世界』など、いろんなところから大糾弾大会！　読むと「田原はKCIA（秘密諜報機関の韓国中央情報部）からカネをもらって書いた」と書いてある（笑）。僕は糾弾されるのは嫌いじゃないんで、出かけていって反論しました。当時、日本の英雄がいたんだよ。小田実という男が。

百田　私、大嫌いな人や（笑）。予備校講師で、フルブライト基金をもらって渡米し『何でも見てやろう』って本を書いた。ベトナム戦争のときは、ベ平連（ベトナムに平和を！市民連合）をつくって、アメリカ軍の脱走兵を逃がしたけど、実は

KGB（ソ連国家保安委員会）からカネや援助をもらっていた。なんともふざけた人物ですね。

田原　その小田実と文春で対談をやって、論破した。韓国は、僕のレポートから2年後には、ほぼ僕が書いた通りになった。この意味でも、僕は日本のマスコミをあまり信用していない。だから、百田さんとこんな対談をやっているわけ（笑）。

慰安婦問題が騒がれた90年代の初めには、宮澤内閣が謝罪した

百田　韓国といえば、彼らがこれでもかこれでもかと日本を攻撃してくるのが、いわゆる従軍慰安婦問題です。田原さんが行った朴正熙時代もその前の李承晩時代も、従軍慰安婦なんて問題で騒ぐことはなかった。

田原　韓国がさかんに言い出したのは、ごく最近のことですね。

百田　従軍慰安婦は1990年代ですね。日本で千田夏光『従軍慰安婦』という本が出たのは70年代。このときまで「従軍慰安婦」という言葉そのものがなかったし、日本で話がでても韓国はまだ独裁政権下ですから。その後、韓国の経済成長や民

主化が進み、80年代に歴史教科書問題なんかが出てきて、向こうでも騒がれるようになった。

元陸軍軍人と自称するウソつき作家の吉田清治が、韓国の済州島で朝鮮人女性200人を拉致して慰安婦にしたと書いたインチキ本『私の戦争犯罪―朝鮮人強制連行』を出したのが1983年。これに朝日新聞が飛びついて、話を大きくしたんです。

田原 それで、日本はこの問題について謝罪をしました。宮澤喜一首相が92年1月に韓国に行くんですが、このとき加藤紘一・官房長官が「お詫びと反省」の談話を出した。宮澤さんも盧泰愚大統領との首脳会談で「軍の関与を認め、おわびしたい」と繰り返し謝罪して、真相究明を約束しています。

百田 宮澤首相は首脳会談のなかで8回謝った、と韓国側が発表した。ひどい話です。

田原 宮澤内閣は、約束通り慰安婦問題に関して調査した。92年7月には加藤さんが「強制連行の資料はなかったが、慰安所の設置や運営監督に政府が関与していた」と認めた。93年8月には日本政府の第二次調査報告が出て、このとき河野洋平・官房長官が旧日本軍の強制性を認める「河野談話」を発表したんです。

海外の慰安婦像の撤去を求めても、「河野談話で認めているではないか」

百田　だから、宮澤内閣で官房長官が代わったら、強制連行の証拠は見当たらないという事実認定に変わりがないのに、強制連行があったことになってしまった。安倍さんに直接申しあげたことはありませんけれども、私の個人的な意見は、この河野談話を絶対に破棄してもらわなければならない。重要なポイントですから一部を引用します。

「慰安所は、当時の軍当局の要請により設営されたものであり、慰安所の設置、管理及び慰安婦の移送については、旧日本軍が直接あるいは間接にこれに関与した。慰安婦の募集については、軍の要請を受けた業者が主としてこれに当たったが、その場合も、甘言、強圧による等、本人たちの意思に反して集められた事例が数多くあり、更に、官憲等が直接これに加担したこともあったことが明らかになった。また、慰安所における生活は、強制的な状況の下での痛ましいものであった。なお、戦地に移送された慰安婦の出身地については、日本を別とすれば、朝鮮半島が大きな比重を占めていたが、当時の朝鮮半島は我が国の統治下にあり、その募集、移送、管理等も、甘言、強圧による等、総じて本人たちの意思に反して行われた」（1993年8月4日の「河野談話」から）

田原 安倍さんは、河野談話の見直しはしない、といっている。

百田 それではダメだ、と私は思います。ここは、なんとしても見直してほしかった。というのは、いま、従軍慰安婦の像や石碑なるものを、韓国人たちが世界中にばらまいている。アメリカでも、在米韓国人たちが盛んにロビー活動したり献金したりして、公園なんかに建ててしまう。ユーチューブで韓国を批判する親日家の「テキサス親父」ことトニー・マラーノさんと対談したとき、通訳の日本事務局長から聞いた話がすごく印象的でした。

米カリフォルニアのロサンゼルス郊外にグランデールという市があって、公園に慰安婦の少女像がある。アメリカ人の幼い娘が母親に「これはなあに？」と聞いた。ふつうのアメリカ人なら当たり前だけど、母親は従軍慰安婦問題も日韓問題もよく知らない。そこでプレートに書かれた文を読むと「戦争中、日本軍が韓国の女性を20万人も強制的に連行し性奴隷にした」とある。子どもに「性奴隷」

とはいえないから、母親は「日本人が昔、韓国の女の人たちにものすごくひどい乱暴をしたのよ」と説明した。女の子は「へぇ、日本人って、そんなにひどいことをしたんだ」と。

田原 そういう話になるだろうね。

百田 見ていた日本人が「これは、やばい」とね。こんなキャンペーンが10年、20年、30年と世界中に広まっていったら、日本や韓国の歴史など知らない子どもたちが像や碑を見て、日本はとんでもなくひどい国だと思い込んでしまう。だから、現地の日系人は頑張って反対している。なんとか汚名をそそごうと、市長や議員に像の撤去を求めたりして。困るのは「だって、日本政府は河野談話で認めているじゃないか」といわれてしまうこと。これねえ、現地の人たちにすれば、背中から撃たれるようなものなんですね。

河野談話は強制連行を認めている？認めていない？

田原 これが問題でね。日本人はアメリカにけっこういるけど、戦前の日系移民はみんなアメリカ人になろうとしたし、アメリカ人になった。3世4世なんて日本人とは思っていないでしょう。ところが、アメリカにいる韓国人は戦後に移住した人が多く、あくまで韓国人。だから発想が日系人とまったく違い、「もっと日本に抵抗しろ！」とやる。

河野談話を見直さないのは、アメリカとの関係だと思います。集団的自衛権の行使容認で多少アメリカに恩を売ったけど、安倍さんの靖国参拝に「失望」したアメリカは、韓国と関係をなんとかしろ、集団的自衛権がフイになるぞ、といってきたんじゃないか。

百田 たぶん、そうだと思います。集団的自衛権とのからみですね

田原 ここが、百田さんと僕の大きな違いかもしれない。僕は、やっぱり敗戦の記憶があるから、アメリカとの関係については弱いというか、「そうだろうな。わかるよ」という感じになってしまう。

百田 安倍内閣の菅義偉・官房長官は14年10月、河野談話そのものは見直さないと強調しながら、談話を出したときの河野氏の言葉については「大きな問題だ。そこは否定し、政府として日本の名誉、信頼を回復すべく訴えている」といっています。

当時の河野官房長官は、記者会見で強制連行があったと思っているのかと聞かれて、「そういう事実があったと。結構です」と答えたんですね。これが大問題で、話をいっそうややこしくした。

田原 日本政府は「河野談話は強制連行を認めていない」という立場。でも談話を出した本人が「強制連行があったという解釈でいい」と明言したんだからね。本人がそのつもりだったなら、韓国人を含めて世界中がそう解釈するのは無理もないけれども。実は僕は、河野談話について、当時の官房副長官だった石原信雄さんから直接聞いたことがあるんです。石原さんによると宮澤首相の訪韓のあと、韓国政府は河野談話に納得して、元慰安婦への賠償問題は一切出さないといっていたという。しかし、その後に韓国政府の姿勢が変わり、賠償金を出せと言い出したんですよ。

河野談話に出てくる「官憲等が直接これに加担した」は白馬事件のことで、これ以外の事実はない、と本人が語っている。これはインドネシアで日本軍人がオランダ人女性35人を慰安所に強制連行し売春させた事件で、軍事裁判で11人が有罪となり、責任者の陸軍少佐は死刑になった。脚注をつけて、そうちゃんと解説すべきです。

1988年には小渕内閣が「痛切な反省と心からのお詫び」

田原　日本が謝った話に戻ると、小渕恵三さんが首相だった1998年10月に韓国大統領の金大中さんが日本にやってきた。

百田　金大中は朴政権時代、日本とアメリカを行き来しながら民主化・反政府活動をしていた。73年に東京・九段のホテルグランドパレスからKCIAが本国に拉致したときは、アメリカが絶対に殺すな、と韓国に圧力をかけたんですね。

田原　日本も要請しました。日本の国家主権を踏みにじる蛮行で、拉致されたのが韓国人という以外、北朝鮮が引き起こした拉致事件と変わりないですから。その金大統領と小渕首相は「日韓共同宣言―21世紀に向けた新たな日韓パートナーシップ―」に署名した。過去のことは、もう一切うんぬんしない。これからは日韓が未来に向かって手をつないでやっていこう、と約束したんです。このとき日本側はちゃんと謝罪しました。

「小渕総理大臣は、今世紀の日韓両国関係を回顧し、我が国が過去の一時期韓国国民に対し、痛切な反省と心からのお詫びを述べた。

金大中大統領は、かかる小渕総理大臣の歴史認識の表明を真摯に受けとめ、これを評価すると同時に、両国が過去の不幸な歴史を乗り越えて和解と善隣友好協力に基づいた未来志向的な関係を発展させるためにお互いに努力することが時代の要請である旨表明した。」（日韓共同宣言、1998年10月8日）

百田 日韓問題は、自民党の額賀福志郎という男が熱心です。日韓議員連盟の会長ですが、このときも金大中と事前に接触して準備工作をした。韓国の国会は2001年7月、日韓共同宣言の破棄を韓国政府に求める全会一致の決議をしています。むちゃくちゃですよね、そんなこと。

——政権末期にレームダック化すると、必ず反日攻勢を強める

田原 だから、韓国が従軍慰安婦問題を蒸し返したのは2000年代に入ってからです。とくにエスカレートしたきっかけは、韓国の憲法裁判所が2011年8月に出し

た「従軍慰安婦問題で韓国政府がちゃんと行動しないのは憲法違反」という決定ですね。

日韓は佐藤栄作内閣の1965年6月に「日韓基本条約」を結んで国交正常化した。このとき政府間の賠償や請求問題にはケリがついた。ところが、慰安婦にされたという108人が韓国政府を、個人の賠償問題について努力しなかった不作為で基本権を侵害されたと訴えた。彼女たちの主張が通ったんです。

このあたりから、すでに政権末期だった李明博大統領の支持率がどんどん落ちてくる。李明博の兄貴は日本と仲よしだったけど、スキャンダルで逮捕される。李明博の息子も事情聴取を受ける。人気回復を焦った李明博は12年8月10日、15日の「光復節」（対日戦勝記念日）の前を狙って島根県の竹島（韓国のいう独島）に大統領として初めて上陸した。

百田　レームダックと化して、手当たり次第になんでもかんでもやったんや。日本の天皇陛下に対して「韓国に来たければ、韓国の独立運動家がすべてこの世を去る前に、ひざまずいて謝らなければならない」ともいった。戦前なら殺されるか、戦争が始まるか。

田原　これで完全にアウトだね。日本側は、もう相手にできない。

百田　韓国は政権末期に必ず反日になりますね。ソウル中央地検が、産経新聞の加藤達也・前ソウル支局長を大統領への名誉毀損で在宅起訴・出国禁止にしたのもそう。憲法裁判所もマスコミも、どんどん政府を追い詰めて反日になっていく。

田原　だから、韓国の人たち全体が反日一辺倒というわけじゃない。韓国から日本を訪れる旅行者は増えている。大統領や政治家やマスコミは、昔のことを簡単にひっくり返すけど、逆にいえば、それをさらにひっくり返すのも簡単なはずでね。僕は第2の金大中、第3の金大中が出てくるだろうと思っている。あんまり悲観していないんです。

百田　まあ、出てくるんでしょうけど、日本は韓国の反日攻勢を黙って見ていてはダメですよ。少なからぬ日本人が、韓国側がいうような従軍慰安婦の問題が現実にあった、と信じ込まされてしまいますから。

従軍慰安婦に占める朝鮮人の割合は2割前後

田原　志願する女性を連れていくという日本軍の方針は、はっきりしている。首に縄をかけて引っ張っていくような強制連行はなかった。少なくとも朝鮮半島でインドネシアのような事件があった証拠はない。従軍慰安婦には日本人も朝鮮人もいて、彼女たちにお世話になった日本兵には日本人も朝鮮人も台湾人もいた。もちろん戦前は全員が日本国民だった。慰安婦を集めたのは業者で、輸送船に乗せて外地に連れていった。慰安所を設置したのは日本軍です。

ただ、貧しくて不本意ながら慰安婦になった女性は、日本人にも朝鮮人にも大勢いた。そんな女性は江戸時代の吉原にも、昭和33年までの赤線地帯にも大勢いた。

百田　みんな意外と知らないのが、従軍慰安婦に占める朝鮮人慰安婦の割合です。田原さんはご存じですか？

田原　日本人よりかなり少ないと思うけど、正確には知りません。1割か2割？

百田　1割くらいです。大半が日本人なんですよ。

田原　昭和14年初めの日本の人口は約1億2445万人で、内地7238万、朝鮮2263万、台湾574万、樺太33万、関東州（満鉄付属地含まず）122万、南洋12万です（国際連盟統計年鑑ほかによる）。だいたい人口の比率と同じわけだ。念のためにいっておくと当時、朝鮮を含めて日本では売春が禁止されておらず、売春婦が大勢いた。従軍慰安婦は、ふつうの売春婦より何倍も給料がよかった。高給に引かれて募集に応じた人は、いやいや行ったとはいえない。行かない選択肢もあったはずですからね。

慰安婦たちは、軍人よりはるかに高給取りだった

百田　当時の日本には朝鮮人部落といわれるものがあり、朝鮮人専用の売春宿もあった。ところが、女の子たちが高給の従軍慰安婦に行きよるから、女の子が足りないって業者が悩んでいるんですね。新聞に載った軍慰安婦の募集広告を見ると、平均給与が月350円で、戦地に行く慰安婦は700円といった額です。

田原　軍人より、はるかに高給取り。

百田　そうです。軍人は営内居住で食事も服も支給されるから、サラリーマンや役人より給料が安い。俸給月額は二等兵から兵長までが6～15円、巡査の初任給が45円のとき軍曹30円、少尉70円といった具合で、この基本給に在勤手当や戦地手当が加算される。慰安婦たちが取っていた３００円は中佐以上の基本給で、７００円は大将より高い。

田原　そもそも男たちがお世話になる大切な存在だから、乱暴に扱わないのがふつうでしょう。もちろん悪徳業者がいたいけな少女を騙して連れてきた例がなかったとはいえないし、サディストみたいな軍人が暴行を働いたこともあっただろうけどね。

百田　戦争中にアメリカ軍がインドネシアで従軍慰安婦を捕まえた。「保護した」んじゃなくて日本軍と一緒に「捕らえた」んです。そこでアメリカ軍は彼女たちを徹底的に尋問し、日本軍が悪だという証拠を探した。でもまったく証拠が出ず、アメリカ軍の公文書には「彼女らは高級娼婦であった」と書いてある。
　それが今日、吉田清治という大ウソつきのおかげで、日本軍が朝鮮の若い女性たちを狙って「人間狩り」のようなことをして、戦地に引っ立てていった、という話になっている。これは我慢なりませんよ。政府はなかなかいえないんで、しゃあないから民間人として私が発言しよう、と思っているんです。

朴槿恵大統領は親日派。父の朴正熙が岸信介にした頼み事とは

田原　話は変わるけど、朴槿恵さんは完全に親日派なんですよ。親父が親日ですから。

百田　朴槿恵は親日ですか⁉　まさか。そうは見えない。

田原　いや、親日。でも、韓国で親日なんていったら大統領になれない。実際、大統領になる前に親日派の娘と批判された。だから、親日は封印して、むしろ必要以上に反日姿勢を見せつける。朴槿恵が日本でいちばん信用している政治家は、森喜朗さんです。森さんと僕は親しいんで「もうちょっと押さえたらどうか、といってやればいいじゃないか」といったら、森さんは「いまいったら気の毒だ」と。だから、彼女はかわいそうなんだ。苦し紛れに反日といっているんだと思う。政治生命は、それほど長くないだろうし。

百田　安倍さんと会ったとき、実はすごく仲よくしゃべったんだけど、「これは、いわんといてね」といった、とかいう話は聞いたことがあるけど。

田原　中国の習近平が国家主席に就任したとき、安倍さんがお祝いの電報を打ったら、お礼の電報がきて「これを出したのは伏せてくれ」と書いてあった（笑）。

百田　そうなってくると、戦前の日本と似てますよね。ようするに国内世論が怖い。だから、外敵をつくって国民の目をそらす。

田原　昔の戦争の多くは、国内の矛盾を封じ込め、国民の目を外にそらすためにやった。歴史のテストで戦争の理由を問われたら、とりあえずそう答えれば、10点中3点か4点もらえたでしょう（笑）。韓国は、とくにそうなんだ。朴槿恵の親父は朴正熙で、これは大の親日派です。クーデターで実権を握ると、すぐに日本にやってきた。そのときの話を、僕は安倍さんのおじいさんの岸信介さんから直接聞いています。

百田　ほう、どんな話ですか？

田原　実権を握った朴正熙は、大統領に就任する前に来日して岸さんに会い、頼み事を二つした。一つは、「韓国という国はトップになっても、必ずその座を追われ、殺されるか監獄にぶち込まれるかする。そのときは亡命しなければならないから、貯めたカネを国外に移しておきたい。そこでスイス銀行を紹介してほしい」と。もう一つは、「韓国人は誰も信用できないし、能力も低い。だから近々組閣するが、ついては大臣を2～3人、日本から貸してくれないか」と。

岸さんは、二つ目の頼みについては「いや、そんなことはできない」と断り、「矢次一夫という男がいる。自分の頼みを聞いてくれる信頼できる人物だ。矢次と相談してくれ」と応えた。矢次一夫は、評論家の大宅壮一が「昭和最大の怪物」と呼んだフィクサー。矢次は朴政権に顧問のような形で日本人を送ったでしょう。

百田　朴正熙は日本の陸士出ですね。1944年に卒業して満州国軍少尉。

田原　そうそう。教師（訓導）だったんだけど、年齢制限なんかに引っかかるところ「一死以テ御奉公」という血書を同封した書留を送って満州国軍軍官学校に入った。ここを出たあと、日本の陸軍士官学校に留学したんです。

僕は、テレビ朝日『トゥナイト』という番組の「日本の首領」シリーズで、矢次一夫にインタビューしました。彼は「田原くん、岸と二人でやったことを全部話すから、機会を作ってくれ」といった。そのころ僕は歴史にあまり興味がなかったんで（笑）、いずれそのうちなんて応えたんだけど、そのうち亡くなってしまった。これは大失敗でした。

度胸も余裕もないから、安倍首相にそっぽを向いた

百田　韓国の朴槿恵さんが、本当は親日で日本を手本にしたい。でも表には出せず、追いつめられて反日姿勢のポーズをとらなければならない。こう聞くと、なるほどと思いますけど、日本人からすれば、そんなの免罪符にはなりませんよ。そういうことだから理解してね、といわれても困る。反日ポーズをまず改めなさいよ、というしかない。

田原　いや、免罪符にするつもりはないですよ。

百田　田原さんは、反日はポーズというけど、親日のほうがポーズで本心は違うってことはないんですか？　韓国の連中は非常に狡猾だから、日本の政治家の前では親日を装っておこう、というのは？

田原　いやいや、あの国がそんなに戦略的であるわけがない。朝鮮の人たちがそんなに

百田　戦略的だったら、こうも長い間、中国の子分なんかになってませんよ。政治家として評価の対象になるのは、過去にどういう政策をとったか、いまどういう政策をとろうとしているかがすべてだ、と私は思っているんです。実は内心こう思っているんだけど、というのは関係ない。この意味で朴槿恵さんは、やっぱり徹底的な反日政治家と見るしかないです。

田原　違うと思う。彼女の表情や言葉に、迫力や説得力がありますか？　まったくないじゃないですか。自信がまったくなくて、反日にすがらざるをえないからですよ。

百田　いや、でも「千年恨む」なんていう。それほど反日に執着している。

田原　自分に迫力がないから、そんな一見大きく見えることをいってるの。しかも合理的ではない。だって1000年も恨み骨髄なら、1274年と1281年の元寇で元軍と一緒に日本を侵略してきた高麗軍はどうしてくれるんだ、朝鮮で船をこしらえて朝鮮人が攻めてきたじゃないか、といえる。馬鹿バカしいから、いわないだけでね。

安倍さんがせっかく韓国語で話しかけたのに、朴槿恵さんはそっぽを向いたでしょう。安倍さんに日本語で話しかける度胸も、ほほえむ余裕すらもないんです。

自信のなさの現れですよ。そのうちに変わると思う。

慰安婦像が各地に建つのは、日本の情報戦略がお粗末すぎるから

百田　いやいや、そうだとしても、あの徹底した反日政策を見過ごすわけにはいかないでしょう。そのうち変わると座視しているうち、慰安婦の像が世界中に建ったら、日本人が貶められ、日本人が世界で生きにくくなってしまう。放置できません。

田原　あんなものは、僕は日本が悪いと思う。アメリカにおける日本の情報戦略がお粗末すぎて、日本が負けているんだ。アメリカで日本が、韓国や中国と情報戦や宣伝戦をやっているわけですよ。日本はもっとカネを使い、もっと能力のある人間をいっぱい使わなければならない。それをやらずにボロ負けしている日本が、悪いのは韓国や中国だというのは、自らの怠慢を責任転嫁しているだけですよ。

百田　情報戦略で日本が負けている状況を見て、日本が悪いというのは一種の自虐思想だと思いますが(笑)。それは冗談としても、とにかく韓国のロビー活動がひどい。ロビー活動では、もう日本がボロ負けですよね。日本人は正直すぎます。相手に

ウソをつかれても黙ってますから。

田原 正直も何も、戦略がないの。百田さんがいったように、大東亜戦争は日本の情報戦略のお粗末さを露呈した戦争だった。まだそれをやってる、という感じですよ。

百田 ただ、もちろん日本の戦略のまずさは当然ですが、韓国が、官民一体となって異常な捏造というものを世界中に広めまくっていることが大問題ですよ。

田原 たいしたことない。

百田 いやあ、たいしたことありますよ。

田原 もし韓国の宣伝戦が「たいしたことある」なら、日本はもっと世界に向けた情報戦略を徹底的にやるべきです。僕は安倍内閣にも「もっとやれ」っていってますよ。

百田 いや、本当にそう思います。私も安倍さんにいいました。お互いの主張のここはどう、あそこはどうというレベルではない。向こうは徹底的にウソをついているんだから。たとえば「性奴隷」とかね。

田原 性奴隷（ｓｅｘ　ｓｌａｖｅ）と言い出したのは、実は日本人ですけどね。

百田 １９９２年に国連人権委員会で従軍慰安婦について問題提起した戸塚悦朗という

弁護士が、さかんにいっている。「慰安婦は奴隷だ」と断言していますね。日本には、日本を貶めたい人がたくさんいるんですが、この人もそうです。なぜ日本人や日本をそれほど貶めて嬉々としているのか、まったく理解できない。彼はその後も「性奴隷という言葉をつくったのは自分だ」と嬉々として語っていますが。

まず「すみませんが」という日本人。外国では通用しない

百田 韓国は、これは中国も同じだけど、日本的なメンタリティー（精神性）がない。日韓や日中の問題がややこしくなるのは、国民性の違いがすごく大きいですね。日常生活で何かあったら日本人は、いい悪いはさておき、まず「あ、すみませんでした」という。相手にそういわれたら「いや、こっちも至らんことがありまして」となる。これは外国では通用しない。最初から自分が悪いと思っても謝らないし、相手のほうが悪いと思ったら余計に強く出る。韓国も中国もそうですね。

田原 日本人はいきなり「すみませんが」っていう。買い物するとき「すみませんけど、これください」と謝る。タクシーに乗ったら「近くて悪いけど、どこそこまで」。

別に悪くないんだけどね（笑）。こんなこと、外国人は絶対にいいません。日本の言葉で外国に通用しないのは「水に流す」。日本人はすぐに水に流しちゃう。相手はなかなか水に流さない。そもそも雨が降らない地域には、その言葉がない。

百田 まず謝る。そうすれば向こうも引くだろう。そんな日本的な感覚で日本政府は交渉を繰り返してきた。結果は、日本がどんどん引き、相手がどんどん図に乗る一方。河野談話だって「とにかく認めてくれ。そうしたら後は何も言わない」という韓国側に「わかった。ほなら認めて水に流しましょ」と出した。ところが、いったん認めたら最後、何年たってもその証文を持ってやってくる。

「前にこの証文書いたな。あんた悪いって書いてるやろ。約束、果たしてくれんか」と。これって、ヤクザの手口ですよね。クルマぶつけてしまって「すみません。保険で何とかします」「いやいや、ケガもしとらんし、クルマもたいしたことない。ただ、念のために一筆書いてくれるか」「わかりました」「ありがとう」。これで一件落着かと思ったら、1ヵ月後に「首が痛い」、3ヵ月後に「腰が痛い」とやってくる。「ここに一筆書いてあるよな」って手口や。

譲歩する必要はないが、外交には「必要な妥協」がある

田原 でもね、13年12月に安倍さんが靖国に行かなければ、14年に入ってすぐ日韓首脳会談ができたと思いますよ。13年11月29日に日韓議員連盟と韓日議員連盟、つまり日韓の議員たちが衆議院議員会館で懇談した。昼はハプニングで安倍さんが、夜は外相の岸田文雄さんが顔を出し、握手したり写真を撮ったりして和気藹々。韓国側の議員たちは「帰ったら日韓首脳会談をやるようにいいますよ」といっていたんだ。

百田 安倍さんの靖国行きで、日韓首脳会談がご破算になっても仕方がない。私は、それでいいと思っています。というのは日本は、大事な取引や会談を控えているから相手の主張を呑んでおこう、と何十年もやってきた。どこかで「ダメなんだよ、これは。あんた、もうそれ以上いうなよ」と、強く出なければならない。

そのときは当然モメるし、あるいは数年間モメ続けるかもしれない。でも、両国が対等な大人の関係でやっていくには、いったん「ダメです」「これについて

は譲歩しません」という必要がある。安倍さんの靖国参拝はそれだ、と私は思っています。そこを狙って行ったんだと。

田原 その意見はわかる。でも、あの時点では、あえて行く必要はなかったと思う。

百田 相手の国を怒らせないことは簡単ですよ。ものすごく楽な方法は相手の要望を全部呑むことです。そうすれば相手が怒ることはない。「尖閣をくれ」「わかりました。あげましょう」「与那国もくれ」「わかりました。与那国もあげましょう」と、仲よくなることはできる。でも、そんなのはダメでしょう。

田原 そんな譲歩をする必要はまったくない。ただね、百田さんは作家ですから、何をいってもいい。というか、思うことを何でもいったほうがいい。でも、外交というのは相手あってのことだから「必要な妥協」があるわけですよ。

百田 日本はそうやって田原さんがいうようにずっと妥協してきた。その積み重ねでどうしようもないところまで追い込まれたのです。どこまで妥協しろというんですか。

田原 10年先には従軍慰安婦の問題なんてなくなっている、と僕は思う。いま韓国は、従軍慰安婦を持ち出してくるしか日本と戦うすべがない。朴槿恵さんはじめ、この問題を繰り返すしか勝負にならないと思っているんですよ。

百田 かつては日本政府にだけいっていた。いまは世界中に広めようとしている。だから、やっているんです。

田原 そう、そこは日本も戦わなければいけない。でも、国民の大半が反日ではないし、僕は何度も行って話しているけど、韓国の議員たちは与野党問わず日本を評価している。みんな「韓国は大統領が代わるごとに主張がガラッと変わる。でも、実は日本を手本にしているから、いろいろ教えてほしい」という。最後に必ずこう付け加えるんですよ。「悪いけど、われわれは『親日』とだけはいえない。そこはよろしく」と(笑)。

―韓国併合以後に善意でやったことが全部、裏目に出た

百田 戦前の併合時代を知っている人がいなくなって、韓国はどんどん悪くなってきた、といわれていますね。昔は「日本がこんなヒドいことをした」とデタラメをいっても「いや、それウソやんか」と指摘する人が韓国国内にもいた。

田原 日本が「よかれかし」と思ってやったことが、全部、逆になっている。イギリスはインドを植民地にしたけど、ケンブリッジやオックスフォード大学を持っていったわけじゃない。イギリス人は、植民地の連中は読み書きなんてできなくていいと思った。日本は京城帝国大学を設置したし、教育に力を入れた。創氏改名も善意というか、日本人並にしようとしたんですね。しかし、日本語を学ばせられた、古い名前を奪われ日本式の名前をつけさせられた、と全部裏目に出ちゃった。

百田 そう、ぜんぶ善意なんです。韓国側は「三奪」（国語・姓氏・土地）や「七奪」（主権・国王・人命・国語・姓氏・土地・資源）というんだけど、全然そんなことはない。確かに朝鮮の人びとに頼まれてやったことではない。でも、何でもかんでも朝鮮半島からかっぱらったわけじゃない。だから「わしらは頼んでない。ありがた迷惑もいいところだ」といってくれ、と。「すべて奪われた」とウソはいうな、と。

1910（明治43）年の韓国併合当時、文盲率は80〜90％だった。日本は、これではいかんと考えて朝鮮半島に小学校を建て、教えるときの教授言語は日本語だけど、必修科目としてハングルを教えた。ハングルの最初の教科書は、印刷所がないから東京で印刷したんです。ほかにも鉄道、ダム、発電所、道路、鉱山開発など、いろんなことをやった。当時の国家予算の何十パーセントだかを注ぎ込んで……。

韓国は無視するに限るというが、それでは日本はすまない

田原 イギリスなんかは植民地をつくって得をしたわけ。日本は大損をしたんだ（笑）。

百田 朝鮮半島に重きをおきすぎて国内が大不況になり、東北の女の子が大勢身売りしたくらいですから（笑）。ところがやっかいなのは、いま田原さんもいった「植民地」。当時の日本の公文書にも「植民地」という言葉が出てくるけど、ちょっと待ってくれ、と。たしかに同じ言葉を使っているけど、中身はまるで違う。スペインやオランダやイギリスやフランスが取った植民地に対する政策と、日本の台湾や朝鮮に対する政策は全然違う。日本は同化政策をやろうとした。西欧列強は教育を与えず、ひたすら植民地から収奪した。原材料をみんな持っていき、それでつくった商品を再びその国に売りつける二重の搾取だった。

田原 だから、日本は欧米列強に文句をいわれる筋合いはない。ただ、いくら善意だっ

たといっても、日本人は韓国語で教育されたことも、韓国風の名前を名乗ったこともないわけ。そこは「迷惑をかけて悪かった」というしかない。何度もいったけどね。

いずれにせよ、従軍慰安婦をはじめ韓国側が「認めろ」「謝れ」と繰り返している問題は、たいした問題じゃないと思う。機会をうまくとらえて交渉すれば、直すのは難しくないと思っています。

百田 私は、従軍慰安婦も靖国問題もいわゆる歴史認識問題も、まずやらなければならないのは、日本国民に対して本当のことを伝えるキャンペーンだ、と思っています。

田原 最近、韓国なんか放っておけばいい、何をいってもダメだから無視するに限る、という主張を聞きます。でも、アジアで生きる日本は、それではすまない。韓国とも中国とも、なんとかうまくいくようにしなければダメだと思う。

百田 それが譲歩につぐ譲歩ではあかん。多少の摩擦は覚悟すべきですよ。

田原 譲歩する必要なんかない。時間がかかってもいいから、いうべきことはちゃんといって、情報戦をしっかり戦うべきですね。

第4章

中国とどう対峙するべきか

中国トップのメンツを丸つぶしにした尖閣諸島の国有化

田原　第4章では、中国との問題を議論したい。昔から従軍慰安婦問題で文句をいっていた韓国をエスカレートさせたのが、憲法裁判所の違憲判決ならば、南京問題で文句をいっていた中国をエスカレートさせたのは、尖閣諸島の問題ですね。

百田　尖閣諸島近くで違法操業をしていた中国の漁船が、退去勧告を繰り返す巡視船めがけて2度も体当たりしてきたのが、2010年9月でしたね。酔っぱらいの中国人船長を逮捕して、民主党の菅直人政権がグダグダ取り調べていたら、中国がブチ切れた。慌てて「那覇地検の判断」で釈放したけれども、中国の圧力に屈したかたちになってしまった。政権についた経験がなく外交に不慣れとはいえ、なんとも愚かでした。

田原　中国側が「早く釈放してくれ」と、しきりにサインを送ってきたのを無視した。外務省も「こういうのは即刻、強制送還すべきです」と教えなかった。04年3月に中国の活動家が尖閣諸島に不法上陸して、当時の小泉純一郎政権が2日後に強制送還（退去強制）処分にしたときは、なんの騒ぎも起こってません。地検の判断というのも大ウソですよ。国連総会で訪米した中国首相が、国家主権や領土保全で「中国は屈服も妥協もしない」と演説して、国際問題になっているんだ。地検に判断できるわけがない。

百田 2012年8月15日には、香港の活動家連中が乗った船が日本の領海を侵犯して、7人が魚釣島に不法上陸した。これは次の日に強制送還したけど、中国では英雄の帰還という話になって、反日デモまで起こった。

田原 それで野田佳彦政権が9月10日、尖閣諸島のうち魚釣島・北小島・南小島の3島を民間地権者から買い上げて国有化する、と閣議決定しました。どう思いますか？

百田 尖閣の国有化について、野田さんが繊細な気持ちを持たなかった。そのことが問題をこじらせたと思います。

田原 閣議決定前日の9月9日に、野田さんはロシア・ウラジオストックで開かれたAPEC（アジア太平洋経済協力）で中国の胡錦濤・国家主席にいきなり「尖閣を国有化したい」といった。驚いた胡錦濤は「冗談じゃない。断固反対だ」といった。翌10日に閣議決定、11日に20億5000万円で買って国有化だから、むちやくちゃなんです。メンツ丸つぶれになった中国政府は怒るに決まっています。

百田 なんでそんなことをやったのか。

昔から中国にネガティブな意見をいっていた石原慎太郎・東京都知事が、12年4月にワシントンで「東京都が尖閣を買う」と明言したでしょう。中国に対して強い反感を持つ石原さんが、中国が手出しできないように俺が買う、尖閣問題にケリをつけるんだ、とブチ上げた。

田原 彼は、昔から支那や第三国といってますからね。

百田 その寄付金が何億円集まった、という話になってきた。中国寄りの民主党は、自民党政権と違って中国と仲よくやっているつもりでおったから、「中国さん、怒らんといてください。石原には買わしません。うちが買って穏便に済ましますから」というつもりだったんじゃないですかね。石原さんは中国大嫌いで、中国も石原さん大嫌いだから、東京都が買ったら中国を怒らせてしまう。それよりは国営化のほうがましだろう、と。

中国外交トップと会った外務副大臣と外相・首相が大げんか？

田原　筋立ては百田さんのいうとおりなんだけど、なんであんなバカなタイミングでやったのか。調べたんだけど、よくわからない。そういうことなら、中国側と密かに話し合って了解を得るのが当たり前でしょう。いくら外交力がないといってもね。

実は当時の山口壯・外務副大臣が8月31日に中国外交のトップの戴秉国（外交担当の国務院国務委員で副首相級）と会っているんです。「日本は、いずれは尖閣を国有化したいと考えている。それまでに中国と話し合いたい」と。戴秉国は「わかった。話し合うについては自分も提案がある。これを外務大臣に渡してくれ」と、提案文書を渡した。

ところが、それを山口副大臣が持ち帰って玄葉光一郎・外務大臣に回すところで、ケンカになっちゃった。山口にいわせると、玄葉と野田がおかしい。中国がいうんじゃないですよ、日本の副大臣が「狂っている」とまでいった（笑）。玄葉にいわせると、冗談じゃない、山口が勝手なパフォーマンスをやった。結局、中国外交トップが日本の外務大臣に渡した文書に返答すらしないまま、国営化に突き進んだ。

百田 そんなことがあったんですか。ヒドい話や。その国有化のおかげで、北京はじめ中国各地で反日デモが起こった。中国外交部の報道官が「人民の義憤は理解できる」とかいったもんだから、9月15日には北京の日本大使館にデモ隊2万人が押しかけて、石や卵やペンキ入りペットボトルを投げつけた。

田原 ついでにいうと、民主党のネクスト外務大臣だった山口壮は、13年12月に民主党に離党届を出したけど認められず、14年2月に民主党除籍となった。

百田 中国は、事前交渉なんてことは、どうでもよかったんです。日本国が買うということは、完全に日本のものにするんやな、と。そこを野田さんは読み違えていたと思うんですよ。国家が買うとはどういうことか、中国がどう出るかということを、もっと調べておかなければいけませんでしたね。しかしあえていいますが、日本の土地を政府が買ったところで、本当は何の問題もない。

田原 ただね、共産主義国家・中国のすべての土地は、もともと国家の所有ですよ。企業だって半官半民のようで、実は国営や人民解放軍経営が多い。中国で当然の国有化を日本がやると、そんなにまずいかな？　中国の国民は、「国有化」とは軍隊でも乗り込んでくるのか、と思うのかな。でも、相手は中国政府ですからね。

百田　それはともかく、日本の外交交渉がうまくいかなかったことだけは確かなんだ。野田さんが、中国を怒らせないために国有化したのは、日本が中国にゴマをすったんや、と私は思っているんです。しかし、そのゴマすりが効かず、逆目に出てしまった。だから大マヌケや、と思っています。

田原　そこは自民党も、本当は民主党をボロクソにいいたい。でも、中国にとってはどっちみち日本国内の問題だから、自民党と民主党が尖閣国有化でケンカしたら、中国に揚げ足を取られてしまう。だから、いえない。そこは安倍さんもたいへんじゃないかな。

―「常時駐留なき安保」を掲げた鳩山由紀夫が、中国をつけあがらせた

百田　そもそも尖閣諸島は、戦後の長い間、まったく問題にならなかったでしょう。

田原　そうそう。中国や台湾が騒ぎ出したのは、日本・台湾・韓国の専門家に国連アジア極東経済委員会が協力した1968年の学術調査で、東シナ海の海底には石油が埋蔵されているようだとわかってからです。
中国共産党の機関紙『人民日報』は53年1月8日の「米国の占領に反対する琉球群島人民の闘争」という記事で、はっきり尖閣諸島を琉球諸島に含めている。そのうえで琉球人民、つまり沖縄人民と日本人民の反米・反占領闘争は切り離すことができない、アメリカは沖縄から出ていけ、と主張している。中国は当時、日本の尖閣諸島を沖縄もろともアメリカが占領していると認識していたわけ。

百田　2009年に首相になったこれも民主党の鳩山由紀夫が、中国を持ち上げたのがよくなかった。というか、中国をつけあがらせて問題を大きくした。そう私は見ているんです。

田原　「常時駐留なき安保」というやつね。

百田　あとは「最低でも県外」というやつ。

田原　民主党政権の普天間問題の迷走は、常時駐留なき安保に始まる。在日米軍基地を全部撤去して、常時駐留なき安全保障を実現するのが理想だ。米軍は日本が必要なときだけ来てくれればいい。こんな勝手な話はないんだけどね。だから、当然ながら普天間はグアムに持っていってくれと。グアムがダメとなって「最低でも県外」といったんです。

百田 しかも、鳩山は最終的になんといったか。「学べば学ぶほど、日米安保による抑止力というのが大事だとわかった」って、いままで何を学んでいたんだ！ 国会議員をやっていて、いままで何をしておったんや！（笑）。

田原 彼は日米中の「正三角形」ともいった。日米中は等距離であるべきだと。でも、誰がどう考えたって、日本とアメリカの距離は体制が異なる日米と中国の距離より近い「二等辺三角形」で、当面はそれしかない。では核武装するのか、在日米軍を追い出して正三角形にしたら、アメリカは日本を助けにこない。では核武装するのか、国民皆兵か徴兵制を敷くのかって話になるはずだけど、そこは考えないんだ（笑）。鳩山さんはじめ民主党の政治家たちは、政権を取るとは何なのか、政府になるとはどういうことか、よくわかったろうと思う。

「今後は歴史認識を持ち出さない」といった中国人ジャーナリスト

百田　よくわかったろうったって、日本国も日本人も民主党の学習教材じゃないんでねえ（笑）。ま、日本国民も民主党に政権を渡すとどうなるか、よく思い知ったでしょう。

日本は中国問題でここ数年の舵取りを間違うと危ない、と私は思っています。古いジャーナリストのみなさんは、10年くらいの認識を新しいと思っているようだけど、10年前の認識なんて通用しません。5年前でも無理。中国は、刻々と変化していますからね。

田原　僕は2007年から日中ジャーナリスト交流会というのをやっています。いま中国外相の王毅さんが在日大使だったときから仲よしで、小泉首相の靖国参拝で日中間が険悪になったとき、彼に日中のジャーナリストで交流しないか、と持ちかけた。年に2回、東京と北京で日中のジャーナリストが7〜8人ずつ集まり、長時間討論するんです。

尖閣国有化の前年の11年でした。ＣＣＴＶ（中国中央電視台）の白岩松という中国でいちばん有名なマスコミ人が、交流会でこんなことをいった。「これまで中国は、何かといえばすぐ、歴史認識を持ち出した。南京大虐殺で30万人が殺されたとか、何もしていない中国に日本が侵略戦争を仕掛けてきたとか。でも、もういいません」と。

なんでと聞いたら、「いままでは中国が弱かった。だから、日本と対等に、まともに話し合うには、歴史認識を持ち出す必要があった。でも、中国は強くなってきたから、もういいませんよ」と答えた。これはおもしろい、と思ったんです。中国側には、そういう気持ちがあるんです。自分のほうが弱いと思ったとき歴史認識を持ち出す、と自覚しているんですね。

百田　それって大ウソじゃないですか。中国は２０１０年にＧＤＰ（ドル建て）で日本を抜き、世界第2位の経済大国になった。円安のせいもあって、２０１３年には日本の2倍ですよ。そんなに強くなってきたくせに、前以上にどんどんいってますよ（笑）。

田原　うん、いってますね（笑）。白岩松が「もういわない」といった翌年に、尖閣問題が起こったからね。

戦後日本の領土を決めたそもそもは43年の「カイロ宣言」

田原　尖閣問題って実は微妙なんです。国際司法裁判所に出せば日本が勝つと思うけど。

大東亜戦争に負けたとき、日本の領土は本州・北海道・九州・四国と周囲の小島に限定された。そもそもの始まりは、1943（昭和18）年11月に米ルーズベルト大統領・英チャーチル首相、中華民国・將介石主席が首脳会談で出した「カイロ宣言」です。

これに、三大同盟国に領土拡張の意図はないとしたうえで、米英中3国の目的は「日本から、第一次大戦以降に日本が奪取・占領した太平洋の全島嶼を剝奪し、満州・台湾・澎湖島など日本が清国人から盗取した全地域を中華民国に返還すること」と書いてある。

百田　勝つとわかったら、むちゃくちゃいいよる。日清戦争で清から得た台湾は「盗み取った」わけじゃない。満州も誰の支配下ともいえない地域を、清に代わって支配していた地方軍閥から取った。

田原 だから、勝者が勝手なことをいっているわけ。「清国」からでなく「清国人」からと書いて、突っ込まれないようにしているの。

45年7月26日に連合国が日本に受諾を迫った「ポツダム宣言」は、同じ首脳が出したもので、第8項に「カイロ宣言の条項は履行されるべき。日本国の主権は本州、北海道、九州、四国とわれらの決定する諸小島に限られなければならない」と書いてある。

ちなみに第13項は「われわれは日本政府が全日本軍の即時無条件降伏を宣言し、またその行動について日本政府が十分に保障することを求める。これ以外の選択肢は迅速且つ完全なる壊滅のみ」です。

百田 「迅速且つ完全なる壊滅のみ」の実例を、広島・長崎の原爆大虐殺で見せつけたんや。日本人、もっと怒らんかい！

田原 わかった（笑）。これが51年の講和条約につながっていく。ただし、敗戦直前にソ連が参戦した。45年9月には中国共産党と国民党の内戦が始まり、国民党軍150万人が殲滅されて蒋介石は台湾に追われたから、カイロ宣言のようには、なっていません。

尖閣諸島の帰属に微妙な点はある。「時効」の問題も難しい

田原 ところで日本は、日清戦争に勝って獲得した台湾を中華民国に返還した。尖閣はどうだったかというと、日清戦争で日本が勝つ3ヵ月前に日本の領土にした（沖縄県への編入は1895年1月、下関条約は4月）。だから、返さなくてもいいんですがね。3ヵ月だから、ちょっと微妙なんですよ。中国側からは、当時は日本が絶対優勢だったから文句がいえなかったともいえるわけ。

百田 でも、日本が無条件降伏したとき、中華人民共和国はまだ存在しないんだから、いまの中国が返せというのは、おかしいじゃないですか。中華民国の（後継の）台湾が返せというならまだしも。しかも「日本が盗み取ったから返せ」といった満州を中国に取られて「返せ」といわない台湾に、尖閣を返せという資格なんてないでしょう。

田原 だから、尖閣は日本の領土でいい。ただ、微妙な点もあるって話。

百田　私は同志社の法学部卒業ですけど、最初に習って、いまも覚えている言葉があります。教授が「法律でもっとも難しい概念は、なんだと思うか？」と聞いたんです。誰も答えられない。すると「時効だ。これがいちばん難しい」といった。

何年で時効かなんて全然わからないから、本当に難しい。たとえば、イタリアが「ローマ帝国だった土地をみんな返してくれ」といったとする。すると、ギリシャが「ちょっと待て。ローマの前にわしらの土地だったところは、こっちに返せ」という。どこまでさかのぼったらいいのか。

田原　そんなことといったらね。ポツダム宣言も戦争裁判も、むちゃくちゃですよ。日本が大東亜戦争の負けが決まったとき、平和に対する罪を事後法でつくり、満州事変までさかのぼった。なんで満州事変までなのか。連合国との戦争が問題ならば、1941年12月8日時点までさかのぼればいいんじゃないのか。こんなものは、むちゃくちゃなんですよ。まさに時効を、戦勝国が恣意的に決めただけの話なんだ。

百田　そう。だから尖閣問題でも、どの時点までさかのぼって議論するかというのが、本当に難しいんですね。でも、尖閣諸島は1885（明治18）年に沖縄県が調査して「人跡はない。バカ鳥（アホウドリ）が多いが人を恐れない」と報告書を書き、沖縄県に編入後は民間人に30年契約で貸与して、最盛期には二百数十人が住んでいた。戦後は沖縄同様にアメリカの施政下におかれたけど、72年5月に返還されて以来もう50年以上、日本が「実効支配」を続けている。これは日本の領土ですよね。

田原　そうなんだけど、あまり「実効支配」と大声で主張しにくいのは、韓国との竹島問題があるからです。「ああ、半世紀も実効支配すれば、その国のものになるわけだ。では、竹島こと独島は、韓国の領土で問題ないね」と、韓国にいわれてしまう。

――南シナ海では、中国はやりたい放題だ

百田　尖閣諸島は東シナ海ですが、中国は南シナ海でやりたい放題をやっていますね。中国は、1974年にパラセル諸島（西沙諸島）を支配下においた。これは海南島の東南300キロ（ベトナムから500キロ）にある50ほどの島嶼。50年代以降、

中国とベトナムが分断して支配していたところ、ベトナムと海戦して取った。ベトナム戦争でパリ和平協定が結ばれたのは73年1月で、米軍の撤退完了が3月だから、その翌年です。

その後は88年かな。今度はスプラトリー諸島（南沙諸島）のベトナム側に近い島嶼を取った。西沙諸島に完成させた飛行場を足がかりに使った。地図で見るとスプラトリー諸島って、フィリピンのパラワン島のすぐ西、ボルネオ島（カリマンタン島とも。島の北部はマレーシアとブルネイ）の北、ベトナムのかなり東にあって、中国からはものすごく南にある。パッと見ると、なんでここが中国領なんや、と誰でも思うところです。

さらに94年には、スプラトリー諸島のフィリピン側の島嶼も取った。この直前に、フィリピンからアメリカ軍がいなくなったんです。ルソン島に米軍のクラーク空軍基地とスービック海軍基地があって、91年9月に使用期限が切れるので延長交渉をしていたら、ピナトゥボ山がガタガタし始めて6月に大噴火しちゃった。クラーク基地は火山に近すぎ、火山灰が積もって建物がつぶれたりしたから、もう使い物にならない。

田原　クラーク基地は放棄。でも、アメリカは、海軍基地をまだ使いたかったんだ。

百田　そうです。ところが、フィリピンの国会が10年間の使用期限延長を拒否して、どちらも91年11月にフィリピンに返還された。米軍がいなくなると、中国が蠢き始める。ようするに中国は、東シナ海から南シナ海までずーっと全部見張っている。目の上の最大のたんこぶであるアメリカ軍の影響力がちょっとでも減ると、そこに出ていく。これを半世紀以上前から、ずっと繰り返しているんです。

――アメリカは「尖閣諸島は日米安保第5条の範囲内」と繰り返し強調

田原　94年のときは、さすがにASEAN諸国がこぞって中国を批判したので、ちょっとおとなしくなった。新しく島を取るのはやめて、各国に領土問題棚上げや、石油資源の共同開発を持ちかけている。2011年までは、穏健な協調路線と見えていた。

百田　まさに尖閣国有化の2012年ですよね。4月にルソン島の西200キロのスカボロー礁でフィリピン海軍が中国漁船を不法操業で捕まえようとしたら、中国の海監（国土資源部国家海洋局の海洋監視船）が妨害してにらみ合いが始まった。7月には、海南省に南シナ海の南沙諸島・西沙諸島・中沙諸島を管轄する「三沙市」を発足させた。人民解放軍も「三沙警備区」を設定した。

スカボロー礁なんかを含む中沙諸島というのは、英語名がない。何百キロも離れているバラバラの岩礁や環礁を、中国が勝手に一括りにしてそう呼んでいるんです。しかも満潮のとき海面上に出ているのはスカボロー礁だけで、とても島とは呼べない。それなのに海南省に新しくつくった「市」の一部だ、と。

田原 ブロックを一生懸命積んだりして、島にしているんだ。

百田 スカボロー礁に飛行場を建設している、という話もある。中国はそういう国です。いまがチャンスと思えば、急にめちゃくちゃ言い出すんです。尖閣諸島も米軍がおるから中国は手出しできなかった。2009年に鳩山由紀夫が「最低でも県外」とやったから、「よし。米軍がいなくなる。いよいよ取れるぞ」と、ガーッときたんですね。

中国は2012年5月、訪中した江田五月・元参院議長に「釣魚島（尖閣諸島）は中国の『核心的利益』」といった。この言葉は台湾、チベット、新疆ウイグル、南シナ海にしか使ったことがなかったんです。いずれも独立問題や領有権問題があるところで、中国は共産党体制を維持するために絶対に譲歩しないという宣言だった。それを尖閣諸島に対してもいいはじめた。だから、舵取りを間違えると危ないですよ。

田原 だからアメリカが、尖閣諸島は日米安全保障条約第5条「各締約国は、日本国の施政の下にある領域における、いずれか一方に対する武力攻撃が自国の平和及び安全を危うくするものであることを認め、自国の憲法上の規定及び手続に従って共通の危険に対処するように行動することを宣言する」の適用範囲内と、繰り返し発言したんです。

14年4月に来日したオバマ大統領も明言した。大統領がいったのは初めてですね。以前はクリントン国務長官はじめ国務省高官や大統領補佐官なんかがいってたんだ。

尖閣諸島で、米軍は自衛隊を助けてくれるのか

百田　アメリカが尖閣は安保の適用範囲というのは当然なんです。尖閣諸島を含む沖縄は昔から「太平洋の要石」といってきたいう戦略的な重要拠点だから。

田原　フィリピンからの撤退をアメリカは「しまった」と思っている。二の舞は避けたい。

百田　あれはフィリピンがアホ。同じことを鳩山がやろうとしたんですよ。
　そこでね、仮に中国軍が尖閣諸島に攻めてくるとしましょう。アメリカ軍は日本を守るために戦い、兵士が撃たれて死ぬ。後ろで日本は何をしているかといったら「頑張ってください。武器とか食料とか、後ろからなんぼでも応援しますから」。アメリカ兵は「なんで日本のために、わしらが撃たれて死ななければならんのや」と思いますよね。そんなんでアメリカがはたして戦いますか、ということなんです。戦わないですよ。

田原　そこなんだ。なんで安倍政権が、集団的自衛権を行使できるようにしたかったか。そこだと思うね。たとえば尖閣で問題が起こる。中国がやってくる。もちろん自衛隊は戦います。これは個別的自衛権でね。そのときにアメリカは来てくれるのか。

アメリカは「尖閣諸島は日米安保第5条の適用対象」というけど、一方でオバマが「世界の警察はもうやめた」といっている。中東のたとえばイラク問題で、オバマはもう行かないと。イスラム国という武装勢力にも、ずっと及び腰で何もしなかった。イラクが事実上の分裂状態になって、やっと空爆を始めたが、地上戦をやるつもりはない。尖閣も来ないんじゃないだろうか。

百田 米軍というよりアメリカ国民が、アメリカの若者が血を流さなければならんのや、と考えますから。

田原 そこで、アメリカに来てもらうには、やっぱり「いざというときアメリカは日本を助ける」という日米安保条約だけじゃなくて、集団的自衛権を行使して「日本もアメリカを助けるぞ」というかたちにしなければいけないんじゃないか。僕は安倍さんのいう集団的自衛権は、日本がアメリカにかけた「保険」じゃないかと見ているんです。違う?

百田 そうですね。集団的自衛権でアメリカと手を結ぶことが、中国に対する牽制になりますよね。「あ、アメリカと日本は本気やな」と。そうすると「下手なことをやったら、アメリカが来るな」と。

中国は、原潜を世界の海に配備して、核報復能力を備えたい

田原　自民党の河野太郎と議論したことがあります。原発反対の彼は、僕にこんなことをいった。「たとえば日中が戦争になったとする。中国が日本に対して戦術核ミサイル（戦場を限定して使う核弾道ミサイル）で攻撃したとする。そのときアメリカは、中国を核攻撃してくれるかな」と。

百田　しないでしょうね。核で報復して中国人を殺しても無意味でしょう。

田原　いま日本は、アメリカの核の傘の下にいる、ということで一応安心している。というのは、中国が日本に核攻撃をしたらアメリカは中国に核攻撃をしてくれるだろう。少なくともアメリカは、その備えをして中国の攻撃に対する抑止力を維持している。だけど、もしアメリカが中国に核攻撃をして、ニューヨークやロサンゼルスに中国の核ミサイルが飛んでくるとしたら……。

百田　いや、中国はアメリカに対して全面的な核攻撃は、できないんです。

田原　なんで？

百田　中国は、太平洋を挟んでアメリカと並び立つ大国になりたいんですよね。太平洋を中国とアメリカで分割する、みたいなことを主張しているから。

でも、いまの中国が、仮にアメリカに対して核による先制攻撃に踏み切ったとする。たとえばニューヨーク、サンフランシスコ、ロサンゼルスなんかに弾道ミサイルが飛んでくる、と。その結果どうなるかというと、世界の海にいるアメリカの原子力潜水艦が報復の核攻撃をする。もちろん核原潜以外の戦略爆撃機や空母艦載機なんかも総攻撃する。すると、中国もぶっつぶれる。よくて引き分けで、たぶんアメリカが生き残るでしょう。

しかし、その逆にアメリカが中国に向かって核の先制攻撃をしたと仮定しましょう。その場合、中国は核による全面的な報復攻撃ができないんです。原子力潜水艦を世界中に配備していないから。冷戦時代に米ソがつくったようなミサイル発射基地が一斉の先制攻撃でやられても、どこにいるかわからない原潜だけは生き残る。それを中国は持っていない。だから、中国は絶対に必要な原子力潜水艦を世界の海に配備したいんです。

海軍力は海上自衛隊のほうが上。対潜水艦戦能力は世界トップ

田原 いま、そうしたいんだ、中国は。

百田 そうしたい。そのためにも尖閣がほしいんですよ。周囲を民間船や軍艦や潜水艦が行き交う東シナ海の重要なポイントだから。太平洋では潜水艦同士の戦いがずっと続いているんですよ。だから潜水艦技術はすごく重要で、スクリュー音が出ないとか、世界中が競っている。

田原 1987年に、東芝子会社の東芝機械が工作機械をソ連に輸出してCOCOM（対共産圏輸出統制委員会）協定違反とされ、社員2人が逮捕された事件があった。その機械でソ連潜水艦のスクリュー音が静かになった、どうしてくれるんだ、と。中国の潜水艦は、まだスクリュー音がうるさいんですよね。

一方、海上自衛隊の対潜水艦戦能力は世界トップクラスとされている。100機体制は日米だけというP3C対戦哨戒機、第二次大戦から2年ほど前までずっと世界最大だった伊号潜水艦の伝統を受け継ぐ通常型潜水艦、護衛艦があるから

ね。これはソ連を封じ込めるために、アメリカが戦後ずっと突出させてきた能力です。

百田 ええ。ただ、最近やっかいだといわれているのは、中国のミサイル技術の向上です。南シナ海には中国の潜水艦がうようよしている。さっき話したように、自分の海にしつつあるから、そこからでも報復核を撃てるんじゃないかと。だから尖閣諸島問題は、海底資源や水産資源も大事ですが、そんな軍事的な面がすごく大きいんです。

中国の軍備費はどう考えますか。ずっと年率10%以上、二ケタで増えている。

田原 うん、10年間で4倍に増えた。でも、まだ海上自衛隊は中国海軍より強いですよ。海軍としてはアメリカにつぐ世界第2位でしょう。それに中国は兵隊の数が250万人といった規模で、膨大な人件費がかかるから、装備に投じるカネは限られる。海軍力増強といっても、空母はウクライナから買った中古を改造し、やっと1隻動かしたところです。

しかも、第7艦隊のような空母打撃群（空母機動部隊）は、空母の周囲をイージス艦や潜水艦で固めて1セット。訓練や補給や休養を考えれば、3セットなければ1セットの常時運用が難しいという。まだまだですよ。

高度成長の終焉とネットの普及が、中国のかかえる大問題

百田 現時点ではね。ただ、中国というのは気の長い国ですから。尖閣を取る、沖縄を取るという50年計画、あるいは100年計画を、たぶん持っていると思うんです。

田原 そんな計画を立てられる国が、文化大革命なんて大失敗をするかな。まあね、僕は、中国にそんな力はないと思っているんだ。

百田 いま、中国が自衛隊・米軍と尖閣で一戦を交えて中国側が負けたら、中国は政権がひっくり返る可能性がある。だから、やらないでしょう。ところが、ここが中国が仕掛ける情報戦のすごさやね。中国は一戦を交えるのも辞さないとかいいながら、一戦なんてやらずに、日本を引かそうとしている。いろんなところから日本政府に揺さぶりをかけて、根負けさせて尖閣を諦めさせようという作戦なんです。

田原 諦める必要なんて、まったくない。

百田　それにしても、なんで中国はここにきて突然、反日大宣伝を世界的にやりだしたんですか。犬の遠吠えのようなことをずっといっていたけど、核心的利益といったり、領海侵犯を繰り返し始めたのは最近ですよね。きっかけは尖閣国有化でもね。

田原　韓国のところで話したことと似てくるけど、ようするに、国家主席の習近平に自信がない表れだ、と僕は思う。さまざまな問題がいっぱいあって、中国の国民に対してきちんと説明できていない。最大の問題は中国に選挙がなく、国民が自由にものをいえないことですよ。あのロシアですら選挙があるのにね。

当然、国民は不満いっぱいだから、なんとかなだめるために、中国は国民の生活が今日より明日、明日よりあさってが必ずよくなる、と経済成長に力を注いできた。これは毎年10％前後の高度成長を実現して、まずまずうまくいった。国民も納得できた。ところが、どうやら高度成長は終わってしまったらしい。これが問題の一つ。もう一つは、インターネットが普及して国民に本当の情報が知れわたった。政府のいうことはむちゃくちゃだとか、マスコミのいうことはデタラメだとわかった。

百田　インターネットに都合の悪いことが出ると、速攻でつぶしていますけどね。西側先進国のサイトも、ほとんど見ることができないでしょう。

国内問題が難しいから、外に向かって強く出る

田原　うん。もう一つは、中国共産党の幹部たちの汚職や腐敗がすごい。

百田　これはものすごいですね。

田原　中国の国民は、そういうことがわかった。だから国民は総スカン。これに対して習近平はどうすればいいか。腐敗や汚職を徹底的にやっつけなければならない。やってますね。それから何事も強気でやらないとダメで、弱味を見せたらやられてしまう。だから、南シナ海では強気、日本に対しても強気、新疆ウイグルの独立運動なんかも強気。

中国の最近の動きは、これです。国内問題が非常に難しいから、内なる弱さをカバーするために、外に向かって強気に出ざるを得ないんだと思う。しかし、ここへきて中国の様子が変わってきた。日本に対して柔軟性を示すようになった。

福田康夫・習近平会談が行われ、2014年11月10日には、日中首脳会談が3年ぶりに行われた。習近平の国内での基盤が強化されたんですよ。常務委員だった周永康を処分できたからね。

百田 たしかに中国は、国内問題を反日にすり替えているところがある。「愛国教育」という名の反日教育を始めたのは、1989年の天安門事件以降でしょう。実際、あの事件で何人殺したのか、いまだにわからない。中国共産党の発表は死者300人余りだけど、アメリカの公電には1000人以上、ソ連の公文書には3000人と出てくるし、数万人説まであるんです。事件のあと、民衆の不満をそらすために反日を利用した。

田原 とにかく民衆の最大の不満は、単純にいえば高度成長が終わったことですよ。日本でも高度成長があって終わったけど、これは当たり前ですね。大都市が焼けた、工場もない、みんな貧しいというときは、みんな家を建て、家電製品を買い、クルマを買う。だから、高度成長するのは当たり前。日本でも中国でも、誰が政府のトップでもそうなる。高度成長は、必ず終わって低成長になる。そのステージに入ってきた。これが中国の大問題です。

多民族国家の中国をまとめるには、共産党独裁しかない

百田　私はね、早く中国共産党が崩壊しないかな、ソ連みたいな国は早くつぶれてしまえばいい、とそんなことを思っていた時期もあったんです。しかし、最近は考えが変わってきましてね。中国共産党は、やっかいな存在ですけど……。

田原　崩壊したら大変ですよ。

百田　そう。やっかいなんですけど、これが倒れて民主的な国家ができたとき、なにしろ民主主義の歴史がないから、恐ろしいナショナリズム国家になる恐れがあるんですね。実際あの国は、まだ本当の法治国家ではない。そんな国の指導者が選挙で選ばれるとなったら、とんでもない独裁者が出てくる可能性がありますよ。

田原　いま日本では、中国が憎らしいものだから、中国は崩壊する崩壊する、と本や雑誌に書いてある。しかし、僕は絶対に崩壊なんかしないでくれ、と思っています。もちろん安倍さんも含めて、日本の政治家はみんなそう思っているでしょう。アメリカの政治家もそうです。共産党が崩壊したら、日本もアメリカも大迷惑です。

百田　いや、経済的に破綻するのは別にいいんですけど、あれだけ広く、人口十何億でしかもバラバラの国をまとめるには、一党独裁しかないですよね。

田原　いやいや、経済的にダメになっても大迷惑。日本の最大のお客さんなんだから。中国は、ウイグルとかチベットとかいっぱいある多民族国家ですよ。そんなものが民主的に一つになれるはずがない。国民を、漢民族と五十いくつかの「少数民族」に分けているんだけど、全然「少数」じゃないんです。ウイグル族1000万人以上、モンゴル族500万人以上、朝鮮族200万人、満州族1000万人といった「多数民族」を押さえつけているわけだから。これが噴出してきたら、もうたいへん。共産党の一党独裁でやるしかない。

百田　ロシアのプーチンというのも、かなり危険な人物だと思うけど、中国を民主化すると、プーチンより10倍くらい恐ろしい独裁者が選挙とで選ばれかねない。都市出身と農村出身を分ける戸籍制度や差別問題も深刻だし、「黒孩子」問題もある。これは一人っ子政策に反して生まれた無戸籍者ですね。「ヘイハイズ」といわれていますが、この存在が中国政府にいわせると1300万人（10年の国家統計局人口調査による無戸籍者数）以下なんだけど、これはウソでね。実際のところは、

田原　まあ1億人くらい。多い見積もりだでは3億人ともいわれています。

田原　うん、大変。中国はなんとか収まっていてくれよ、と願っている。

――情報戦争には勝つべきだが、同じ土俵まで下りてはならない

百田　それにしても中国は、世界中いたるところで、反日宣伝をしていますね。14年7月にギリシャを訪問した習近平が「侵略戦争を否定したり美化したりするたくらみを、警戒しなければならない」と発言して、ギリシャ首脳と認識が一致したという報道があった。なんや、そりゃ。破産同然のギリシャにカネを出すとか約束して認識が一致したんでしょうけど、やり方が汚いと思いませんか？

田原　あんなもの、すぐ終わりますよ。たいしたことはない。

百田　韓国の朴槿恵も、訪問する先々の国で日本の悪口をいい、「告げ口外交」といわれた。なんで、あんなこと世界中で一生懸命いうんですかね。それでも田原さんは、たいしたことないというんですか？

田原　中国が日本に対して柔軟になり、日中首脳会談も開かれた。そこで韓国は大慌て。

下手をすれば孤立してしまうから、日本に対する姿勢を変えざるを得ない。現に朴槿恵さんは日中韓首脳会談の開催を提案してきたでしょう。

百田 日本はホームページなんかで、向こうの言い分を一つ一つつぶしていきますか。

でも、どこまでいっても、南京事件は30万人と言い続けるから水掛け論。

同じことをいうならまだしも、どんどん増えていくんですよね。日中戦争の犠牲者は、戦争直後に中華民国やGHQが兵士130万人といい、台湾は78年に民間死者578万人といったんだけど、中国のいう数字は1000万人、2000万人と、どんどん増えていく永久に先の見えない水掛け論になるんじゃないか。

田原 ならないよ。どこかで必ず、このあたりが妥当だ、という話になると思う。

百田 たとえば南京大虐殺を日中で共同研究しよう、と日本は何度も呼びかけている。中国が拒否するのは、研究したらウソがばれるからでしょう。でも、ウソでも1000回いわれると、世界中が信用してしまう。

田原 いや、信用しないと思う。ギリシャ首脳も日本首脳が訪問すれば、また違うことをいうでしょう。アメリカのバカな政治家たちが、票がほしくて従軍慰安婦の像や記念碑を建てるなんて、大した問題ではないよ。ホームページでも海外放送でも世界同時出版でもいい。日本が徹底的に研究し、本当の情報を発信し続ければいいんです。その情報戦争には勝たなければいけない。嘘八百に勝つことは難しくないと思います。

日中首脳会談を開いて関係改善

田原　安倍さんが第一次政権で総理になった直後、まず中国に行きましたね。このとき国家主席の胡錦濤と会って「戦略的互恵」という関係を結んだんです。その直後に首相の温家宝も来日して日中関係がとてもよくなった。そういうときに南京大虐殺の20万も30万もないんですよ。そうでしょう？　その後に、民主党がヘタを打ったから、日中関係が悪化した。

注意しなければならないのは、日中や日韓関係が悪くなりそうなとき、以前はよくアメリカが間に入ったんだけど、オバマ大統領にその自信や余裕がない。レームダック化すら心配されていて、安倍さんに「なんとか中国・韓国とうまくやってくれ」としかいわないんだ。だからこそ、日本がやるしかないんです。そのとき安倍さんが、より慎重になるのは当然でしょう。だから河野談話を見直すといっていたのに、やらなかった。外交って、そういうもんですよ。

百田　ええ、それはそうでしょうね。河野談話については、それでも最終的には見直すべきだと思っていますけれども。

田原　安倍さんも狙っていた、APEC会合での日中首脳会談は実施した。そこで尖閣の話をする必要なんか全然ない。実際、話題にならなかった。戦略的互恵で仲よくやろう、と意見が一致すればいい。日本にとって中国は最大の輸出先で、中国にとって日本は第二の輸出先なんだから、仲よくしたほうがいいに決まっている。日本政府は、中国とうまくやって日中首脳会談にこぎ着ければ、韓国はついてくるだろう、と判断していると思います。韓国のところで、自民党の額賀福志郎が金大中の訪日を準備した、と話しましたね。彼は当時の官房副長官で、引き続いて中国の江沢民ともやろうとしたんです。ところが、失敗だったのは、なんで韓国の次なんだと江沢民を怒らせてしまった。今度はうまくやるでしょう。

尖閣諸島は、ダラダラと交渉していればいい

百田　尖閣諸島の問題は、どうしますか？

田原　それは、双方の外務省が5年でも10年でもダラダラやってろ、と。必要なら事務交渉でもやればいいけど、日本が妥協する必要はまったくない。曖昧戦略とは違いますよ。日本領土という立場は明確にして、ダラダラやればいい。尖閣の問題がちゃんと片づくまで日中が仲よくしない、なんてバカなことはやめたほうがいい、ということです。

百田　うん、その方針は私も賛成ですね。いまのような実効支配を続けたらいい。

田原　そこは、百田さんと僕の意見はまったく同じね。けっこう意見が一致するじゃないですか（笑）。

百田　そのことに関しては賛成です。ただ、靖国神社については、これ以上の譲歩はもうできない、と私は思っています。

田原　すでに話したけど、これは大問題ですね。何人かの自民党幹部からも「靖国はど

うしたらいいだろう?」と聞かれました。みんな悩んでいるんですね。

第5章

朝日新聞は「反日」なのか

戦前の反省から権力を批判。権力者の仲よしも批判の対象

田原　ここまで先の戦争、戦後の自虐史観、韓国や中国との問題を話し合ってきました。いずれの問題でも通奏低音のように間断なく響き、つきまとって離れないのが、朝日新聞に代表されるマスメディアの問題です。第5章では、これを徹底的に討論したい。

百田　望むところです。いつこのテーマが始まるんや、とむずむずしてました（笑）。

田原　百田さんが何かいうたびに、朝日新聞がいちいち攻撃する。井沢元彦さんとの対談を読んだけど、百田さんのほうも朝日新聞の不買運動を提唱する。互いに犬猿の仲なんだけど、朝日は百田さんのジョークを大まじめにとらえて批判しますね（笑）。

百田　そうなんです。私は口も悪い人間やから、そのときの勢いで「いい加減にせんかい。殺すぞ」とかもいったりしますわ。でも、朝日のやり方は、「百田尚樹NHK経営委員、殺すぞと脅迫」って活字にするようなもの（笑）。まあ、朝日

だけではないですけどね。

竹島を韓国に取られたとき自衛隊がなかった、と話したでしょう。李承晩ラインを越えた日本漁船が徹底的に拿捕された結果、死傷者40人以上で、韓国に抑留された日本人は4000人近い。だから軍隊は必要です。それで私はある講演で、国を家にたとえれば軍隊は防犯用の鍵だといったのです。

世界に200ほど国・地域があるけど、軍隊を持たないところは二十いくつかしかない。ヨーロッパ50ヵ国のなかでは6ヵ国です。アイスランドは北海道と四国を足したくらいの面積ですが、国のほとんどは氷に覆われています。リヒテンシュタインは小豆島くらいの面積でやや大きい。バチカン、モナコ、サンマリノ、アンドラは小さな都市国家。そんな国、守りようがない。軍隊を持たない残りの20ヵ国くらいはカリブ海の国や南太平洋の島です。そこで、私が「ナウルとかバヌアツとかは、家にたとえれば貧乏長屋みたいなもので、鍵をかけてもしゃあないやろ。盗るものあらへん」というたんです。すると……。

田原　「NHK経営委員の百田尚樹氏、他国を貧乏と誹謗中傷」。関西人ジョークが通じない。しかも「問題だ!」とは書かず、記事の最後に必ず「問題となる可能性がある」と書く。記事にした時点で自分が問題にしているくせに（笑）。でも、そう書かれるのは、おもしろいじゃない。無視されるより、はるかにいい。本も売れるでしょう（笑）。

百田　「悪名は無名に勝る」ですか。おもしろいですけど、書かれるほうは嫌ですよ（笑）。でも、そう長生きもできないから、生きてるうちにいいたいことはいってやろうと思っていますが。むかつくのは、日本のマスコミが、私の発言をわざわざアメリカの国務省やケネディ駐日大使のところに持っていき、「これ、どう思いますか？」って意見を求めることですよ。で、アメリカが「そんな発言はけしからん」というと、帰ってきて喜んで記事を書く。「日本の皆さん、アメリカさんが怒ってますよー」って（笑）。こんなマスコミって、世界のどこにあるのかなと思いますね。

田原　「告げ口外交」に似ているね。「告げ口報道」だ。朝日に限らず戦前の新聞は、満州事変なんかを大讃美し大宣伝して戦争を煽った。放送はＮＨＫラジオが右に同じ。戦争が始まると大本営発表をそのままタレ流し、戦争継続に協力して死傷者を増やした。その反省もあって、とにかく政府、時の「権力」に対して批判的でなければならない、と思ってやっているんです。この朝日新聞の考え方はわかる。「マスメディアは権力のウォッチドッグ（監視する番犬）たれ」という先進民主主義国の考え方にも合っている。

百田 それはそうでしょう。

田原 そして、百田さんは日本の最高権力者である安倍晋三さんと、とても仲がいい。一緒に本まで出している。権力者の大味方で応援団だ。だから、朝日新聞からすると「坊主憎けりゃ袈裟まで憎い」で、何につけても百田さんを批判するんだ。

――反権力のために捏造も辞さない。その姿勢が気にくわない

田原 その百田さんは、朝日新聞のどこが気にくわないですか？

百田 反権力のためなら捏造も辞さないという姿勢です。従軍慰安婦、靖国問題、教科書問題。いずれも韓国や中国が文句をいってないときから大騒ぎする。しかも「ない」ことを「ある」という。教科書問題では「侵略」を「進出」に書き換えたと、その事実がないのに報道する。これは、最初の誤報を流したのは日本テレビです

けど。

有名な話ですが、亡くなった政治評論家の三宅久之さんが朝日新聞の論説主幹だった若宮啓文に「なぜ、安倍をいたずらに叩くんだ。いいところもあるんだから、そこも認めるような報道をしたらどうだ」といったら「できない。社是だからです」と答えた。そんな姿勢を見ると「ちょっと待て。客観的な報道を逸脱しているじゃないか」と思う。安倍さん叩きが社是ならば、最初に結論ありき。事実を発掘して客観的に、冷静に伝えるジャーナリズムの姿勢を放棄している、と私は思うんです。

田原 安倍晋三さんについては、自民党のなかのタカ派だ。タカ派は、自分たちリベラル派の敵だ。しかも、批判の対象たるべき権力のトップだ、というのが朝日新聞の立場ですね。とくに安倍さんは岸信介さんの孫だから、「第二の岸信介」を目指している。これは阻止しなければ、という思いがあるんでしょう。

百田 そんなの朝日新聞の勝手な思い込みですよ。若き日の田原さんが、戦犯逃れの岸信介が進める安保改定は悪と思い込み、岸内閣打倒を叫んだのと同じでしょう。

田原 そう、思い込みです。

百田　田原さんは若気の至りだったかもしれないけど、その後、岸さん本人に取材したりして考え方を変えたわけですね。朝日新聞は、戦後70年間ずっと思い込みを続けている。明らかに「イデオロギーに毒されている新聞」ですよ。

田原　ただね、かつて大東亜戦争が終わるまで、新聞は政府を批判できなかった。だからこそ政府を批判しなければいけない。朝日新聞はそう固く信じ込んで、やっているんだと思う。いまの日本のように、政府の批判ができる国も時代も、できない国や時代よりはるかにいい。かつてのソ連、いまの北朝鮮や中国よりはいい。

百田　もちろんです。政府の批判も、ウソや捏造のない筋の通ったものならば、いくらでもやればいい。ただ、いまのマスコミ全体、とくにテレビなんか見ていると、朝日や毎日の言い分に乗っているコメンテーターが圧倒的に多い。そんな感じがしません？

田原　だから百田さんが受けるんだよ。いいじゃないですか。百田さんなんかが多数派になったら、テレビはぜんぜん盛り上がらなくて困る。いまは少数派だから希少価値があって、引く手あまたなんだ（笑）。そうは思わない？

百田　また朝日やTBSに叩かれて本が売れなくなるって、いつも思ってます（笑）。

朝日新聞は歴史を知らず、現在の出来事も知らない

百田　もう一つ朝日新聞の問題は、時の権力である日本政府や首相、自民党は批判するのに、日本を取り巻く状況には関心を払わず、たとえば中国、韓国、北朝鮮といった外国の権力や政府をまったく批判しないことですね。

田原　かつて日本は朝鮮半島を日韓併合で植民地にし、中国に侵略戦争をやった。自虐史観のところで話した「かつて悪いことをした」という贖罪意識から、ついつい中国や朝鮮の味方をするんでしょう。

百田　好意的にとればそうです。でも、いま生きている記者は20代から40代、編集委員なんかで50代。古い人で戦後20年、若い人では40年以上たってから生まれているわけですよ。だから、自分たちは「日本の悪いこと」には荷担していない。それなのに、大先輩たちの荷担した70年以上前のことを反省する。

反省してもいいけど、それが、なぜ現在ただいま外国政府のやることを一切批判しない理由になるんですか。おかしいじゃないですか。中国の軍備増強、覇権

主義、南シナ海での乱暴狼藉、尖閣諸島の領空・領海侵犯。尖閣や沖縄を奪取する可能性まで口走っているのに、朝日新聞は批判していませんよね。

田原 彼らは歴史を知らないんだと思う。

百田 いやいや、過去の歴史を知らないだけじゃない。南シナ海で現在やっていることを知らない。グーグル・アースを見れば、中国がパラセル諸島(西沙諸島)の珊瑚礁の島をつぶして2600メートル級滑走路を建設し、軍事基地にしていることは一目瞭然です。島の全景が写っているから、子どもでもわかる。そこに空母が2〜3隻いるのと同じと、なぜ報道しないのか。「歴史認識」の話ではなくて「現状認識」の問題でしょう。

歴史を知らないにもほどがある

百田 しかも、歴史を知らないにも、ほどがありますよ。2001年の9・11同時多発テロをアメリカ人が「神風アタック」というたらね、朝日新聞出身の筑紫哲也さんがテレビで「日本の神風特攻隊も自爆テロと一緒」といった。聞いてムカッときたんで、『永遠の0』でも書きましたけれども。

田原 特攻隊の自爆攻撃と自爆テロは、まったく違う。共通するのは自爆という「方法」だけ。方法が共通するものを同一視できるなら、対戦車ロケットを撃つ米軍や自衛隊と、RPG-7を撃つテロリストは一緒。でも米軍とテロリストを同一視してもまったく無意味だ。だから筑紫さんは、自分を犠牲にするという点を強調したかったんでしょう。あの人が本当に好きなのは音楽や映画で、報道にはあまり興味がないんですよ。

百田 あの人には、もうちょっと長生きして、朝日新聞はじめ左翼の崩壊していくところを見てもらい、そのうえで話を聞きたかった。まったく意味不明の「竹島を韓国に譲ればいい」なんて社説を書いた若宮啓文は、朝日を定年退職して韓国の大学教授になった。賢い人とは思えないんだけれども、やっぱり歴史を知らないんですか?

田原 若宮さんとは親しいけど、僕とは考え方が違うから、しょっちゅう論争していた。いつも水掛け論で終わったけど。知らないというよりも、朝日新聞的贖罪意識の典型的な人物ですよ。竹島の件は確信犯だと思う。本気でそう思っているでしょう。

百田　あんなバカなこと、本気で思ってるんですか！　韓国に竹島をやればいいと？

田原　韓国と仲よくすべき。妥協が必要だ。その方法として竹島放棄はありうる、と。

百田　若宮啓文は「全共闘時代、私はノンポリだった」といってるんですけれど、いくらノンポリでも、これかいって思いますけど（笑）。

田原　ノンポリだから続いたんです。ノンポリで徹底的に戦えなかった、やましさがあるんです。徹底的にやって燃え尽きた連中のほうが、さっぱり変わっているんだ。

百田　なるほど、そういうことがありますか。

――14年8月5日、吉田清治証言に基づく記事を32年ぶりに取り消した

田原　さて、そんな朝日新聞は、2014年8月5日と6日の朝刊で合計4ページにわたって「慰安婦問題を考える」という従軍慰安婦報道の検証記事を出しました。

5日は見開き2ページの上部に「慰安婦問題どう伝えたか　読者の疑問に答えます」と横見出しをつけ、〈慰安婦問題とは〉というQ&A解説記事に続けて、〈強

制連行　自由を奪われた強制性あった〉、〈「済州島で連行」証言　裏付け得られず虚偽と判断〉、〈「軍関与示す資料」　本紙報道前に政府も存在把握〉、〈「挺身隊」との混同　当時は研究が乏しく同一視〉、〈「元慰安婦初の証言」　記事に事実のねじ曲げない〉という五つの記事を掲げた。太字がテーマで、それに続くのが記事の見出し。〈他紙の報道は〉というオマケ記事もついていた。

五つの記事それぞれは、冒頭に「疑問」を掲げ、本文でその疑問に答え、「読者のみなさまへ」というまとめが書いてある。たとえば〈「済州島で連行」証言〉の「読者のみなさまへ」は「吉田氏が済州島で慰安婦を強制連行したとする証言は虚偽だと判断し、記事を取り消します。当時、虚偽の証言を見抜けませんでした。済州島を再取材しましたが、証言を裏付ける話は得られませんでした。研究者への取材でも証言の核心部分についての矛盾がいくつも明らかになりました。」という内容です。

百田　ウソつき作家の吉田清治のインチキ証言に基づく記事16本を、82年9月2日の大阪本社版が出たときから実に32年ぶりに、虚偽と判断して取り消した。

田原　はい、この検証をどう見ますか?

百田　8月5日のいわゆる検証記事は、まったく検証になっていない。なおかつ、記事を取り消したにもかかわらず、謝罪を一切していない。しかも、強制連行の証拠はないが、やっぱり自由を奪われた強制性はあった、と開き直った記事だと思います。

朝日新聞の8月5日の検証記事には、問題が多すぎる

田原　8月5日の検証には、大きな問題が四つある、と僕は思っています。（1）謝罪が一切ない。（2）朝日が取り消した記事が、吉田清治氏のどんな証言を、どのように書いた記事なのか、まったくわからない。

百田　私たちは知っていましたが、一般の読者にはまったくわかりませんね。最初の記事を書いた記者が「話の内容は具体的かつ詳細で全く疑わなかった」ことはわかった。しかし、慎重な記者がものすごく巧妙なウソに騙されたのか、アホな記者が具体的で詳細なだけの作り話を信じたのか、わからない。朝日記者の何が悪かったと思って記事を取り消したのか、全然わからない検証ですね。

田原　（3）責任をどう取るのかについて言及がない。（4）吉田清治証言を虚偽と判断して取り消すまでに32年間もかかった理由の説明がない。以上四つのことから、僕は8月5日の検証記事はダメだと思います。記事を読んで「これは第二の毎日になるな」と思ったくらいなんだ。毎日新聞は1972年の西山事件（沖縄返還時の密約をめぐって、西山太吉記者らが機密情報を国会議員に漏洩したとされる事件）で部数をドーンと落とした。朝日新聞も毎日と同じような道をたどるのかどうか。

百田　検証がいい加減、謝罪もなしで、いちばん書きたかったことは何か。「広義の強制性」があったということですよ。従軍慰安婦の論陣を立て直し、今後どんどん書いていくために、明らかな間違いと突っ込まれる余計なものを切り捨てた感じです。

田原　みっともないのは〈他紙の報道は〉と蛇足を書いたことだね。ほかの連中も間違っていたなんて、なんで書くのか。これは余計なことです。

百田　池上彰さんがコラム「新聞ななめ読み」で謝罪すべきと書いたら掲載を拒否し、批判が広がったら、慌てて掲載することにした。あの一連の騒動もみっともない。組織として絶対にやってはいけない朝令暮改というやつです。ついでにいうと、田原　8月5日というタイミングは、週刊誌が夏の特売号を発売した後ですよ。週刊誌に出るまでに、少なくとも2週間は稼ぐことができるからです。セコいですねえ。

百田　それは計算している。その場しのぎのズルさです。ズルいでしょ。しょうもないことに頭が回るんですよ。そんなくだらないことを、会議を開いて決めているんです。

福島第一「吉田調書」の誤報にかこつけた、形だけの謝罪

田原　9月11日、朝日新聞は木村伊量社長が記者会見で謝罪した。これはどう見る？

百田　あれはもう、謝罪の気持ちがまったくこもっていなかった。謝罪というのは「すみません」と口にすればいいってもんじゃない。ふつうの人同士のケンカだって、いい加減に「ああ悪い悪い、スマンスマン」といったら、謝罪したことにはならない。木村社長もほかの出席者もそんな感じで、心からの謝罪はありませんでした。

しかも、記者会見は、従軍慰安婦問題の謝罪がメインではなかった。朝日新聞

は「福島第一の原発所員、命令違反し撤退　吉田調書で判明」という2014年5月20日付の記事で、福島第一原発の吉田昌郎所長から政府事故調が聞き取った調書（吉田調書）をねじ曲げて、第一原発の従業員の9割にあたる約650人が吉田さんの命令に違反して第二原発に逃げたと大誤報した。こちらの謝罪ですよね。で、付け足しのように「そうそう。従軍慰安婦の吉田証言のほうも謝罪しときますわ」っていうヒドい会見。

田原　同じ吉田って名字だからややこしいんだけど。

百田　朝日新聞が5月20日の記事をずっと頬かむりして知らん顔でいたら、産経新聞なんかが調書を入手して朝日の記事はおかしいと報じはじめた。公表を望まないという吉田所長の上申書があって公表しなかった政府も、8月末には公開する方針を決めました。まさにそこに至って、初めて謝罪したわけです。

田原　同時に吉田証言についても謝罪したのは、本当にヒドい意図的なイメージ操作だと思う。吉田調書の誤報のほうが、吉田証言の虚偽報道よりも問題は大きいので、といっているようなもの。ぜんぜん違いますね。

田原　あ、それはもう吉田清治の証言のほうが、はるかに大問題。吉田調書は国内問題。

吉田証言は国連人権委員会の決議に基づき1966年に提出された「クマラスワミ報告」に入った世界的な大問題。報告の付属文書1「戦時における軍事的性奴隷制問題に関する朝鮮民主主義人民共和国、大韓民国および日本への訪問調査に基づく報告書」に引用されているんだから。

百田 吉田調書の謝罪タイミングも遅すぎる。誰がやったかわからない犯罪事件で「私がやりました」と犯人が自首してきたら、指名手配後の自首より減刑される可能性があるでしょう。これと同じで、政府が公開する以前に朝日新聞が「吉田調書の報道は間違っていました」といえば、自主的に検証したのかって受け止め方もできる。しかし、政府が公表を決めた後では、誤報が白日の下にさらされるから謝罪するんだ、と思われて当然です。これは指名手配されてから自首したようなものです。

田原 記者会見は政府が公表した3時間後。このあたりはドジだと思うけども。それはさておき、記者会見では責任の所在が一応はっきりした。木村社長は、抜本的改革の目鼻がついたら責任を取る、つまり辞めるといった（その後、2014年退社が内定）。どう思う？

百田　ま、「そういわな、しゃあない」というところでしょ。言葉面だけですよ。

秦郁彦の現地調査を無視した理由

田原　そこで聞きたい。朝日新聞が最初に吉田清治の記事を出したのは82年。その後、92年に秦郁彦さんが韓国の済州島で現地調査をした。吉田は調達した慰安婦の数を「計950人と記憶するが、部下によれば2000人」と証言したから、そんな大勢の強制連行ならば覚えている人がいるはずです。しかし、女性たちに丹念な取材をしたけど、強制連行を証言する人は一人もいなかった。そこで、秦さんは、吉田証言はまず間違いなく虚構だ、と『正論』92年6月号で論文を書き、産経新聞も報道した。これを朝日は無視したわけです。これはなぜだろう。

百田　自分たちにとって都合が悪い調査結果だからですよね。

田原　都合が悪いといっても、一般に公開された、合理的で説得力のある論文ですよ。

百田　説得力ある反論が公開されても、問題は朝日と産経の社会的な影響力でしょう。

田原　端的にいって部数が違う。社会的なステータスも違う。

百田　かなり違いますから「産経ごときが、なにいうとんねん」と。実際、朝日は産経を、恫喝した歴史もありますからね。「朝日にケンカを売るのか」と言ってね。絶対に朝日の勝ちだということで、傲慢にも無視した。それで秦さんの調査以降もずっと書き続けた。

――事実より「キャンペーン」重視。だから裏を取らない

百田　92年の黙殺がどうのというより、そもそも10年前の82年、最初に吉田証言を取り上げたとき、心ある朝日記者ならばウソだとわかったはずだ、と思うんです。

田原　そうでもないと思うなあ。百田さんみたいに鋭い記者ならわかっても(笑)。

百田　いえいえ、鋭い鈍いという話じゃなくて。ふつうの記者ならば、裏を取るのが当たり前でしょう。

田原　吉田清治って、どんな男なのか。肩書きがいかにも怪しい。証言の中身はおかしい。権力批判の朝日にとって、おあつらえ向きすぎる。それに乗った。他の各紙も乗ったけどね。

百田　そう。記者としての当たり前の手続きである裏取りをせずに記事にしたということはですね、ようするに最初から怪しい部分に目をつぶっているわけです。

田原　裏取り取材をしないのは、福島第一の吉田調書の誤報もそうなんだ。朝日の記者は吉田調書の一部を入手し、それを読んで書いたんだけど、その前や続き部分を読んでいない。しかも、産経や読売は現場を取材したのに、朝日は取材した形跡がない。

百田　報道というのは、日々起こる事実を伝えるものでしょう。政府が悪いことをしたという事実があれば伝えるし、よいことをしたという事実があれば、それも伝える。ところが朝日新聞は、「事実」より前に、自分たちの「目的」があるんです。政府のやることなすこと悪いと伝えたい、という目的が。だから、その目的に合致するものが出てきたら、裏を取らずになんでもかんでも載せてしまうんです。

田原　「キャンペーン」ですね。事実を書いて記事にするのでなく、キャンペーン記事を書く。ようするに、原発はダメでレベル7の大原発事故を起こした東京電力は悪、という考えがまずある。この悪を徹底的に追及したい。なんかないかと探したら、吉田調書があった！　だから、東電は悪いというシナリオに沿ってキャンペーン記事を書く。

百田　そう。原発反対キャンペーンの一環ですね。同じような原発事故がもう1回起こったときは、この連中はまた逃げ出しますよ、というイメージ操作をしているわけです。

田原　いやいや、そんなイメージ操作を狙うほど、朝日の記者は敏感ではないと思うけどねえ。それは百田さんが鋭すぎるんじゃないの。ま、それはいいや。

百田　吉田清治の証言も同じで、あの戦争をやった日本軍は悪い、と追及したい。なにかいいネタないかなと思っている。すると吉田清治という詐欺師が「実は日本軍は、何百人もの韓国女性を強制連行した」といった。女の子を拉致したなんて大問題だ、と飛びついたわけです。吉田調書に飛びついたのと、まったく同じ構造ですね。

朝日には「捏造体質」がある。典型がサンゴ記事捏造事件だ

百田　これも大事なことで、1991年8月に従軍慰安婦だったと名乗り出た、金学順

という韓国女性がいます。直後に日本国を提訴し、97年に亡くなりました。この人の主張を最初に紹介したのは91年8月11日の朝日新聞記事で、「『女子挺身隊』の名で戦場に連行され、日本軍人相手に売春行為を強いられた『朝鮮人従軍慰安婦』のうち、一人がソウル市内に生存」とある。

「女子挺身隊」は、1943年につくられた若い女性を工場などに動員する勤労奉仕部隊で「従軍慰安婦」とはまったく別物。朝日側は、二つの混同は「当時、その検証がなされていなかったから」だという。つまり、90年代初めころは朝日新聞の認識として挺身隊と慰安婦を混同していた。だからそうなったという言い訳なんですが、これはウソです。金学順が「女子挺身隊」と発言したならば、世間や朝日が混同していたものをそのまま書いたという説明は成り立つ。でも、金学順はその言葉を使っていない。それなのに「女子挺身隊」という言葉を使ったのは「混同」ではない。明らかに「捏造」ですよ。

田原 そこが8月5日の検証の問題点の一つで、単なる混同や過ちではないだろう、と。

百田 そうです。捏造なんです。これは朝日のやり方の一つで、自分が主張したい記事を書くためならウソを捏造して出してくる。典型が1989年のサンゴ記事捏造事件ですね。沖縄・西表島で、朝日新聞社のカメラマンがサンゴに「K・Y」と落書きして（傷をつけて）、写真を撮った。この自作自演写真をもとに、新聞記事を捏造したんです。

美しいサンゴの島を守りたい。だから「こんなヒドいやつがおった。なんとかせなあかん」と記事を捏造する。これは朝日の「捏造の体質」、いや、「捏造の構造」ですよ。

田原　地元のダイバーたちが、こんな傷はなかった、と疑って発覚したんだ。

百田　記事の内容が、またヒドい。『K・Y』のイニシャルを見つけたとき、しばし言葉を失った」「日本人は、落書きにかけては今や世界に冠たる民族かもしれない。だけどこれは、将来の人たちが見たら、八〇年代日本人の記念碑になるに違いない。精神の貧しさの、すさんだ心の……」と書いた。元東大教授の酒井信彦さんも指摘していることで、まったく同感ですが、サンゴの傷を日本人の精神の貧困、すさんだ心の証拠物件として掲げて、日本人全体を「悪者」にしているんです。

仮にサンゴの傷を百歩譲って、百歩譲ってというのもヘンですけど、自作自演ではなく心ない日本人の仕業としましょう。それで、なんで日本人全体の精神が貧しいとか、心がすさんでいるという話になるのか。朝日は、日本国や日本国民をとにかく貶めて、自分たちだけは正義を貫く新聞だ、と見せつけたい。そんな「卑しい心」があると思います。

田原　サンゴ事件はひどい。しかし、このときは関係者たちが処罰されて、一柳東一郎社長も辞めた。

百田　辞めたといってもね。社長はそのまま会長になって給料は同じ。責任を取ったなんて大ウソですよ。

――朝日新聞は、日本をよくしたいのか、日本を貶めたいのか

田原　サンゴ落書きも、さっきいった「キャンペーン」体質の一環ですね。

百田　キャンペーンの目的は何かというと、日本人を貶めたいんです。

田原　そこが、百田さんと僕は、ちょっと違う。

百田　どこがどう違うんですか？

田原　朝日は「売国奴」だ「国賊」だ、とよくいうでしょ。違うと思う。というのは、

朝日新聞は、結構な場所に本社があって、高い給料を取って、多くの読者がいて、日本でとてもいい地位を占めている。そんなにすばらしい日本を否定する理由がない。

彼らは傲慢なこと極まりないけれども、朝日はやっぱり、戦争中の軍隊を悪だといわなければならない、原発は反対しなければいけない、事故を起こした東京電力はコテンパンにやっつけなければいけないと思い、それこそ日本をよくすることだ、と思っている。日本を貶めたいなら、よくする必要はないんでね。

百田 「日本をよくしたい」という目的で、虚報や捏造という手段を使ってしまう、と田原さんはいう。もしかしたら、30～40年前にはその目的があったかもしれない。しかし、いまは「日本をよくしたい」という目的そのものが失われ、手段が目的化してしまった。私はそう思うんです。

虚報や捏造という手段に訴えてまで「反体制を貫く」ことが、自己目的化している。これは日本の国益になるか、日本人の名誉につながるか、日本の評判を落とすことにならないか、といったことが、もう頭からすっかり消えてしまっているんですよ。集団自衛権反対も原発再稼働の反対も、なんでこんなキャンペーン

田原　打つかなあ、と思います。日本の国益に百八十度反することですよね。

百田　朝日のエリート意識が鼻につくのはわかる。でも彼らは、集団的自衛権や原発に反対することが日本をよくすることだと本気で思っている。本当に日本のためになるかどうかは微妙な問題だけど——。

田原　微妙な問題なら、キャンペーン以前に論争すべきじゃないですか。

朝日新聞から提案や対案が出てこない理由

田原　僕は、朝日新聞のある男に「朝日は、いい加減に社会党をやめろよ」といったことがある。社会党って社会主義じゃない、「何でも反対社会党」のことですよ。政府のやることなすことなんでも反対はもうやめて、たまには読売新聞みたいに提案しろよ、と。

そしたら朝日の幹部は「田原さんねえ。提案するとなると、カネも時間もかかる。才能も能力も必要だ。批判するほうが楽なんだ」といった。もう一つ、「朝日新聞の読者は、実は土井たか子さんのファンが多い。だから『ダメなものはダメ!』と批判したほうが、読者に歓迎されるのだ」といった。

百田 それで、いつの間にか断固反対と批判だけを繰り返す喜びに酔ってしまったんや。リベラルな人に共通するのは、批判しても対案を出さないことですね。対案を出すにはリスクを覚悟しないと。

田原 田原さんはよくご存じでしょうが、テレビ番組の会議で誰かがアイデアを出すと必ず反対する者がいる。「その企画はロケが難しい。人集めがたいへん。こんな欠点があって、ここもダメ」と。そのとき私がいつもいうのは、「じゃあ、どうしたらええねん」「考えていません」「アホ! 反対意見をいうなら、こうしたらどうやって対案を出せ。出せないなら反対するな!」って。

百田 ジャーナリズムが政府を監視し批判するのは間違っていない。しかし、それにあきたりない国民が増えているのはたしかです。

土井たか子さんは最近亡くなった。私は「売国奴」とつぶやいて叱られたんですけれども。彼女が国会でいった有名な言葉、「ダメなものはダメ!」ですが、これなどは民主主義の原点である議論を封じたとんでもない言葉です。「五・一五事件」のとき、「話せばわかる」といった犬飼毅首相を「問答無用」といって撃ち殺した青年将校と精神構造は同じです。でも、朝日は彼女の言葉を賞賛した。
田原　土井たか子さんが亡くなったタイミングは、ちょっと象徴的ね。

――吉田調書の大誤報で、福島第一原発は「第二のセウォル号」に

百田　朝日新聞が盛んに書いた「吉田証言」の記事が、国連人権委にまで持ち込まれ、日本の国益を損ねたことは間違いないですね。「そのことは、うちとは全然関係ないわ」というのが朝日の言い分ですが、絶対に関係ありますよね。
田原　うん。やっぱり「強制連行」というのが決定的でしょう。強制連行は、つまり拉致監禁ですからね。ふつうの意味の売春とまったく違うことが起こった、と決定づけた。強制連行がなければ「性奴隷」という言葉は生まれなかった。
百田　はい。自分が火をつけたにもかかわらず、朝日は「この大火事は、うちが火元じゃない」と言い張る。ところで、福島第一原発から数百人が逃げたという「吉田調書」の朝日記事が出たのは、死亡・行方不明者300人以上という韓国セウォル号沈没事故の直後でした。韓国はセウォル号事故で全世界から非難された。船

長や船員が自己保身から乗客を無視し、われ先に逃げ出した。なんちゅう国民や、とさんざんぱら叩かれていた。

そこに朝日新聞が、「いやいや、日本もひどいですよ。原発からみんな逃げ出したんですから」と書いた。さあ、どんどん叩いてくださいよ、と。実際、「なんや、日本もひどいなあ。第二のセウォル号事故じゃないか」と、世界中から叩かれた。だから「朝日は日本を悪くしたい」んですよ。違いますか?

田原 だから朝日は、日本を叩いているつもりじゃないの。東京電力を叩くのが、朝日の役割で、日本のためになると思い込んでいる。現に日本の国民の6割以上が原発に反対です。

百田 あのねえ、田原さん。朝日に対して見方が優しすぎますよ、田原さんは。もっと朝日は狡猾ですよ。

田原 いや、僕は、朝日が狡猾とは思わない。百田さんは「朝日は日本を叩くつもりがあり、それで東京電力を叩き、結果的に日本が世界から叩かれた」という。狡猾な朝日のシナリオどおりになった、とね。僕は「朝日は日本を叩くつもりはないが、東京電力を叩くつもりがあって叩き、結果的に日本が世界から叩かれた」と思う。朝日にシナリオなんかない。シナリオをつくれるほど狡猾ではなく、むしろ単純だ、と僕は思っています。

百田 朝日は、セウォル号事故で韓国があんなに叩かれてるのを見て、なんというかな、韓国を援護したいという心情が潜在的にあった、と思う。

田原 いや、それはないと思うな。そんな優しさはない。むしろ傲慢ですよ、朝日は。

――朝日新聞の記者は、想像力があまりにも欠如している

百田 私は小説もドキュメンタリーも手がける、もの書きの端くれですけれども、書くときに「あ、この表現をすると、この人を傷つけるな」と思うときがあります。名誉毀損の裁判で訴えられることは別に恐れていませんが、「この人の名誉をここまで傷つけていいだろうか」と筆をいったん止めることが、よくある。そして、もう一度あれこれ調べ直します。

それで書かないこともあるし、「うん、やっぱり書かないといけない。たとえこの人を傷つけることになっても書くぞ」と書くこともある。書き手というのは、

そういうものだと思う。でも、朝日の記者には、そういう逡巡が一切ないですね。吉田調書の一部だけを曲解して、東電社員が何百人か逃げたと書けば、彼らの名誉と誇りをズタズタに傷つけてしまうかもしれない。そこで筆が止まる瞬間がないんですね。

田原　東電を叩くのが正義だと、思い込んでいることの怖さですね。いってみれば朝日には百田さんほどのプロはいない。サラリーマン集団ですよ。

百田　ふつうなら「彼らを傷つけて本当にいいのか」と、調書を読み直したり、裏取り取材をするでしょう。読み直せば、あんな記事になるはずがない。何百人のうち何人かの所在を突き止めるなんて簡単だから、「どうだったの」と聞けばいい。5人に聞いて5人とも逃げたとはいえない」といえば、やっぱりあんな記事にはならない。

田原　だから、朝日は東電問題で「取材」しているつもりがない。いまは、東電をやっつける「キャンペーン」中で、それが至上命題だ、と思っている。

百田　そのためには、いかに人を傷つけてもいい。あるいは、どれほど人が傷つくかを考えない。これは、想像力があまりにも欠如していますよ。

田原 そこだと思う。朝日新聞の記者は、その意味で、想像力が欠如している。

百田 想像力の欠如もある。さらに私は、そこに朝日の悪意を見るんです。

田原 そこはね、百田さんと僕の見解の相違だ（笑）。朝日はね、それほど優れてなんかいないと思う。悪意があるというのは、ある意味で褒め言葉。こうすればああなって最終的にはこう、というシナリオを悪意をもって描いて実現する。サラリーマン集団にはできない。ようするに僕は、百田さんが思っているよりも朝日の記者は鈍感だ、と思う。

百田 単なる鈍感だったら、もっと地道に誠実にちゃんと検証して謝罪したはずですよ。あそこまで平然として、ごまかしまくるというのは……。

田原 いやいや、そこが正義の怖さですよ。鈍感で傲慢。正義感ゆえに謝罪しない。謝罪の仕方を知らない、といってもよい。知らなけりゃ誰かに聞けばいいと思うけど、それもできない。

百田 いくらいわれてもそれには同意できません。田原さんは、犯罪者に対して、こいつは刑法を知らないバカだから許してやってくれといっているように聞こえる。

なぜ吉田調書記事は謝罪して、吉田証言記事は謝罪しないのか

百田 2014年9月11日の謝罪会見で思ったんですが、朝日は吉田調書の誤報記事に関しては、ほぼ100％謝った。ところが、吉田証言の誤報記事に関しては、実質的にはほとんど謝っていない。この違いはなぜか、と私は考えたんです。

吉田調書のほうは一発記事で、関係者もわずかに2人。だから、これは謝罪し処分しても大丈夫。ところが、吉田証言のほうを完璧に検証して謝罪するとなったら、処罰対象者がめちゃくちゃ増える。なおかつ、30年間も営々と展開してきた、社をかけた大キャンペーンを否定することになってしまう。朝日の従軍慰安婦キャンペーンは、30年プロジェクト。そんなの、ふつうはないですからね。

田原 歴代社長が、みんな責任を取らなければいけなくなる。

百田 そうです。歴代デスクも論説委員も全部です。だから朝日としては、慰安婦キャンペーンだけはなんとしても守りたかった。だから必死にごまかした。

田原 そこも僕は、ちょっと違う。百田さんほど朝日を買ってないんでね。どうしたら

いいのか、わからないんだと思う。朝日が百田さんのいうようにずる賢くて、あれこれ悪巧みを画策できるなら、池上さんの原稿なんてボツにしません。あれは本当にどうしようもない初歩的ミス。どのマスコミでも大喜びで叩くに決まっている大チョンボで、絶対にやっちゃいけない。それをやったんだから、いかに朝日は単純で利口じゃないという話。

百田 もちろん現・朝日政権は混乱の極みにあるから、どうしようもない。ただね、過去30年間は非常に狡猾やった、と私は思います。あんなに多くの人に、ずっとおかしいおかしいといわれ続けて、全部かわしてきたわけだから。

――朝日の大きな欠陥は、優等生ばかりが集まりすぎていることだ

田原 97年に、吉田清治が「自分の言い方はおかしかった」といっているのを、朝日が記事にしている。事実を確認できないという記事なんだけど、見出しは従軍慰安婦ありきなんです。あの時点で、間違っていたことを認めて謝罪すべきだったね。

百田 それなのに朝日はまったく知らん顔。私はひとえに狡猾だと思います。

田原　あのときは、教科書で慰安婦問題を扱うことに『正論』『諸君！』などが大反対をしていた。それに反対したい朝日は「従軍慰安婦に強制性あり」と欲張りたかったみたいだけど。

政治部と社会部の対立があり、政治部は謝罪を主張したようだけれどね、大企業でもないのに、大企業病でコレステロールがたまりにたまって、動脈硬化を起こしているようなものです。朝日の大きな欠陥はね、優等生が集まりすぎていることだと思う。みんな、キャンペーンで、いい点数を取りたいわけ。いい点を取って褒められたいの。

百田　そういうことを、朝日の記者と話したことがあります。昔、朝日には学歴が高くて非常に優秀な記者が多かった。2014年の採用では、たまたま東大卒がいなかったようだけど、昔は東大や京大が多かった。ところが、そういう優等生は、実際に記者として現場に出ると、必ずしも優秀ではない。地方大学とか、たいしたことのない私大出の男なんかのほうが、いい仕事をする。

田原　企画力も取材力も、勉強の出来とは関係ないからね。

百田　すると、高学歴の優等生は、すごいジレンマに陥るらしいですわ。頭でっかちの優等生だから世の中の問題や矛盾はよくわかる。それなのに現場の仕事はうまくいかない。そんな身動きの取れない状態から抜け出したい。そのときキャンペーンにすがって、やがて虚報や捏造にまで手を染めるようになっていく。裏を取らないというのは、体を動かさず、頭だけで書いているんですよね。地を這って泥だらけになるような取材が苦手で、やりたくもないインテリが、よりよいことを書きたいと思って書く。

田原 よりよいというよりね、褒められることを書きたいんです。

なぜ、朝日新聞の捏造記事だけがダントツに多いのか

百田 朝日新聞とそれ以外の新聞で、大きく違うことが一つあると思うんです。それは、この何十年間かを見ても、朝日の捏造記事が他紙と比べて圧倒的に多いことですよ。慰安婦の強制連行やサンゴ落書き以外にも、古くは日本共産党幹部・伊藤律の架空会見記、新しいところでは亀井静香と田中康夫の会談メモ捏造とか。朝日以外の新聞は、捏造記事はあまりないんです。

田原 他紙は、捏造する能力がないんだよ（笑）。

百田 いやいや、能力の問題じゃないですよ（笑）。インタビュー記事の捏造なんて、朝日はホント、しょっちゅうですすよ。

田原 そこは、さっきから話している「これが日本をよくする道だ」「このキャンペーンは正しいんだ」という自信。自信過剰といってもいい。だから捏造するんですよ。ほかの新聞は、自信がないから捏造しない。

百田 いや、違う。これ、良心の問題ですわ。

田原 良心じゃないよ（笑）。それはねえ、百田さんらしくない。良心があるか、ないかなんて話を持ち出すのは。

百田 良心というか、そんなインチキができるかという自尊心、ウソはつかないというプライドですよ。それが朝日にはない。高慢ちきなインテリのプライドだけはある。

田原 だから、朝日はプライドがやたらに高い。プライドが高いから捏造する。

ネットのおかげで反朝日的な意見に触れることができた

田原 百田さんのいうことは、僕とほとんど一致しているね。朝日の意図はさておき、朝日新聞が結果的に日本という国を貶めてしまったことについても一致した。朝日は狡猾なんでなく無能なんです。

百田 どうやら、そのようですね（笑）。朝日の心ある記者には、自分たちが日本を貶めたこと、たとえば国連クマラスワミ報告なんかが世界に出回っていることを、いまどう考えているのか、ぜひ聞きたいですね。

田原 朝日もひどいけど、リアリティのないクマラスワミ報告書そのものもひどい。人権委員会に出たとき、日本の外務省は意見書を出そうとしたんだけど、撤回しちゃった。これはだらしない。

百田 大ウソの報告書に対して、最初はとてもいい文書を書いたんですけど。撤回した外務省、ひどいですよね。

田原 撤回と決めたのは、外務省というより政府、つまり官邸だと思うけどね。きちん

百田　とした反論を書いておいて撤回というのが、日本のだらしないところ。もちろん当時の日本政府も悪いんですがね。ただ、「撤回したら、また叩かれてしまう」と政府は思った。朝日をはじめとする左翼論陣が、そういう土壌をこの国でずっとつくってきたことが問題ですよ。日本だけが悪かったという自虐思想が強かったから、政府がクマラスワミ報告書に対して「やってない。何ゆうてんねん」とかいったら、袋だたきにされてしまう。

田原　そんな背景もあったでしょう。ただ、政府が反論を撤回したのは、国内の反応を気にしたんじゃなくて、韓国に対する気づかいだと思う。韓国を刺激したくなかった。

百田　そうですね。もともと韓国に対する気づかいから、いわゆる河野談話も出たわけですから。でも、とにかく謝って頭を下げていたらなんとかなるだろう、という戦後何十年にもわたる日本の姿勢では、事態が一向に好転しないとわかった。「これではアカン」ということを、最近ようやく多くの人が気づいてきたんです。

田原　いってみれば、多くの人に気づかせた代表者が百田さんだ。

百田　いやいや、私もいいましたけれども、これは、ネットの力が大きいと思います。

昔は反朝日的な意見というのは、産経などごく一部の例外を除いて、まったくといっていいほどマスコミに登場しなかった。

田原 その産経も右翼が読む新聞と思われていて、部数がとても少なかった。ネットには新聞に載らない意見が大量に出ているし、新聞代を払わずに朝日と産経の主張を読み比べることだってできるしね。

社内一斉メールは、パソコン画面の撮影によって社外に流出

百田 韓国のマスコミはいま、俺たちの仲間の朝日新聞がやられているということで一生懸命「朝日を助けようキャンペーン」をやっていますね。

田原 そのようですね。朝日は困っていると思うけど。

百田 ありがた迷惑でしょうね。朝日と韓国は結託しているのか、とますます疑われてしまうから。私は最初、朝日社長の木村伊量さんは「朝日のゴルバチョフになる可能性がある」といったんです。従軍慰安婦の虚報問題をうまく処理できればね。でも、ゴルバチョフになり損ねたと思いますわ。

田原　やっぱり木村さんは、8月5日に記者会見を開き、はっきり謝罪すべきだった。

百田　それで「自分は朝日を徹底的に変える。それで辞める」といえば、辞めたあと田原さんみたいにテレビ出演依頼や講演依頼やらがドッときて、そらもう引っ張りだこですわ。亡くなった後でも「朝日を変えた男」として後世の評価は上がったでしょう。ところが、惜しいことに、社内一斉メールで「朝日の敵と断固戦う」といったりして、謝罪が口だけで本音は別とバレてしまった。

田原　『週刊文春』は、よくあれを手に入れたね。あの記事はおもしろかった。

百田　やっぱり身内の朝日新聞社員にも、いまの体制はおかしいと思っている人がおるんですね。あのメールは、保存したり印刷したりできない仕組みになっているらしい。USBメモリに保存して持ち出し、週刊誌記者に渡すことはできない。でも、パソコン画面をデジカメやスマホで写すことはできる。本社の衆人監視のなかでデジカメをパチパチやったら「お前なにやってんの」とバレちゃうけど、社員が一人二人という支局なら楽勝。アルバイトや同僚がいないとき撮ればいいんでね。

田原　文春も新潮も当然、そういう朝日記者を押さえているでしょう。

百田　編集委員か誰かの一斉メールも週刊誌がすっぱ抜きましたけど、これもひどい。「朝日を糾弾するグループは、従軍慰安婦そのものがなかったというが」というようなことが書いてあった。そんなこと誰も主張してないのに、ミスリードをしているんです。社内向けにそんなアホな主張を垂れ流す幹部社員が、いまだにいるとは驚いた。この期に及んで、なんとまあズルい連中やと。

田原　ズルいというより、ただのバカだよ、それは(笑)。日本軍のいるところに、慰安所があって、慰安婦がいたことは、みんな知っているんだから。

――読売や毎日まで、ここぞとばかり朝日新聞叩きに回るのは、おかしい

百田　そんな朝日新聞に、私はいいたい。従軍慰安婦を語るとき朝日は、慰安婦には朝鮮人しかいなかったように語る。でも、実際には大半が日本人の女性だった。しかも「広義の強制性」なんて曖昧な言葉で語る。それは日本人慰安婦に対してもか。日本軍は日本女性を性奴隷にしていたのか。江戸時代の吉原や昭和33年までの赤線地帯もそうか。では、日本人は戦後13年間、日本女性を性奴隷にして

いたわけだ。なぜ、朝日はその責任を問わないんだ、という話になる。私が生まれたころ赤線に通った朝日新聞記者が一人もいなかった、とでも主張するつもりか、と。

従軍慰安婦も、軍とは関係ない売春婦も、もちろん人権はじめ大問題がありますよ。いま許されるとも思わない。でも、その問題の多くは、当時の社会慣行や経済状況、とりわけ貧困のせいでしょう。昔は日本も朝鮮も貧しかった。そして、貧しい家庭の娘たちが、家計を助けるために身を売った。その女性たちは、大半が日本人だが、朝鮮人も台湾人もいた。そういう基本的な認識を、朝日新聞はきちんと語るべきだと思います。

田原 従軍慰安婦問題が、日本で大きな波紋を呼んだのは吉田証言がきっかけであり、韓国の慰安婦がクローズアップされたのは、朝鮮に対する贖罪意識が過剰だったといえる。でも、僕はそういうメディアがあってもよいと思います。産経や読売と対立するメディアがあってもよい。なければ困る。

百田 いま蔓延する朝日叩きですけどね。私は、産経新聞、文春・新潮、『WiLL』など、これまで朝日新聞の従軍慰安婦問題を取り上げてきたメディアが、ずっと同じ姿で戦うのはいいと思うんです。ところが、いまは読売新聞や毎日新聞までもが朝日叩き。「これ、おかしいやろ」と思いますね。読売なんか社を挙げて朝日追及キャンペーンをしているけど、過去に朝日の記事がおかしいと書いたことがない。死に体になった朝日に対していまやっていることを見ると、一貫性のない新聞や、という気がします。

田原　池に落ちた犬を叩くのは、日本のマスコミの癖というか、体質というか。とくにヒドいのは毎日新聞。朝日と同じようなことをいっていたはずなのに、ここぞとばかりに朝日を攻撃している。テレビに出ているコメンテーターもそうで、吉田証言にそのまま乗っかって従軍慰安婦問題を糾弾していた人が、手のひらを返したように朝日は問題だという。こいつらコウモリかい、と思うんですけど。

――朝日は世界に広まった誤報を消す作業に全力を注ぐべきだ

田原　僕は、朝日新聞社の慰安婦報道を検証する「第三者委員会」の委員に呼ばれて、2014年10月9日に初会合をやったんです。元名古屋高裁長官の中込秀樹（委員長)、元外務省の岡本行夫、国際大学学長の北岡伸一、筑波大名誉教授の波多野澄雄、東大大学院情報学環教授の林香里、作家の保阪正康の全7人がメンバーでね。

百田　なんで、僕がおらへんのや。

田原　ねえ(笑)。ネットで同じ意見を読んだよ。この委員会は年内をメドに活動すると思うんだけど、問題は朝日が今後、どう変わっていくか。朝日新聞の中を変えなきゃダメなことはわかっている。どう変えられるかですね。

百田　どうなるかってのは、私はわかりません。私の希望としましては、まず、世界にこれだけ広まった誤報を、すべてを消すことは無理でも、できるかぎり消していく作業に全力を注ぐべきだ、と思います。

田原　それは、やるでしょう。やらなきゃね。

百田　やりますか?　8月5日の検証記事も、しばらく英語版に載せなかったんです。

田原　たとえば、アメリカの主要紙に英語の意見広告を出すとか。

百田　朝日は出さんやろ、と私は思いますけど。ぜひ出すように、いってください。近年いろんな会社がやたらと謝罪会見をするでしょう。食材の虚偽表示をしたホテル、白いまだらが出る化粧品、温度管理がずさんな宅配便、中国の怪しい食材を使ったファストフード……。こういうのは、欠陥商品や偽装商品でカネ儲けをしたんだから、経営トップが一団となって謝罪をして、ユーザーに賠償をしますね。経営陣はみな馘首ですわ。車なんかもみなリコールですわ。なんぼおカネがかかっても。

田原　同じように朝日の記事は、朝日新聞社が売っている商品でしょう。その商品の一部に、とてつもない欠陥商品が混じっていたわけです。日本国の評判を地に落とし、日本人の名誉を著しく傷つけた欠陥商品です。それを、あの程度の謝罪記者会見ですませるのか。すみませんではすみませんよ、ふつうの会社ならば。すまない。きちんと総括しなければ販売部数が確実に落ちる。たいへんなことになる。

百田　大所帯だから、売り上げ何%か減るだけでも、経営危機でしょうね。

――社内でガンガン議論できる風通しのよい会社に変わるべきだ

百田　ところで田原さんは、朝日がどういう方向に変わるべきだと思いますか？

田原　97年に吉田証言記事を取り消し謝罪するタイミングがあったと話したけど、このとき政治部が総括すべきだ、と主張した。これに社会部が断固反対して、結局ダンマリを決め込んだ。吉田氏をトコトン取材して総括すべきだった。ウソ情報を16回も流したことの加害者責任を総括すべきだった。それをしなかったことが問題。何か起こったときガンガン言い合い、とことん話し合って解決していこうという社内民主主義の土壌がないことです。若宮啓文が「騒ぎにしたくないという朝日だった」と、ちょっと書いているけどね。なんでもガンガン議論できる風通しのよい会社に変えていかなければダメだと思う。

百田　何十年も培ってきた社風や社内の土壌を変えるのは、たいへんでしょうけどね。

田原　みんな社の上のほうばかり見て、褒められたい、いい点がもらえる記事を書きたいと思う。すると、みんな社説と同じ記事ばかり書いてしまう。そこで、朝日は「コラムニスト」という肩書き・制度をつくった。社説と違っていいから勝手な記事を書け、と始めたんだけど、これが大失敗。社説が「原発反対。再稼働は断固阻止！」という路線でも、コラムニストは「違うのでは。高い石油を輸入し続けて大丈夫なの？」と書いていい。でも、そんなコラムニストは一人も現れなかった。

百田 最後に一言いいたい。ツイッターをやっている朝日の記者って、けっこういるんです。彼らが池上彰さんのコラム不掲載問題で「おかしいじゃないか」と声を上げ、現場がさかんに突き上げたから掲載が決まった。そんなボトムアップができる朝日は誇らしい、というツイートをよく見たんですが、ウソつけと。現場が上層部に対して声なんか上げる会社じゃないだろう、と。それが証拠に、朝日を批判したOBの名前がOB会名簿から削除されたことがある。退職した社員に対してもそれほど厳しい会社の現役社員に、上層部批判なんかできるはずがない。

田原 だって、32年間もボトムアップの総括ができなかったわけですからね。

百田 おっしゃる通り。もし、社員が自由に声を上げる会社だったとすれば、32年間、黙っていたのは、みんな同じ考えだったということになります。語るに落ちるというやつで。第三者委員会、頑張ってください。

田原 うん、ありがとう。

終章

国を愛するとは

ソ連崩壊で民族・宗教紛争が一気に噴出し、収拾がつかない

田原　さて、最後に百田さんと、これからの日本の生き方や日本人の心構えについて話していきたい。前にちょっと触れたけど、まず結論めいた話をすれば、僕は安倍晋三の「戦後レジュームからの脱却」はタイミングがとってもいいと思うし、賛成なんです。

百田　２０１５年は戦後70年。私も大賛成です。

田原　賛成の中身が、ちょっと違うんじゃないかと思うけど（笑）。脱却が必要というのは、日本を変えていかなければダメだと思うからです。「戦後の進歩的文化人」といってもいいけど、いまの「朝日的」「良心的」な文化人やジャーナリストたちがダメなのは、結局、現状維持だから。現状維持なんて、全然ドキドキしないんだよ。

百田　現状維持といっても、30年前の現状といまの現状はまったく違う。ところが30年前と現在を、まったく同じだと思い込んでいる。

田原　いつだって現状維持。自衛隊ができたときから、ずっと反対なんだから。そこで、戦後レジュームから、何をどう変えていくかです。たとえば、世界とどう付き合っていけばいいか。どう思いますか?

百田　アメリカは鵺みたいな国ですよね。ここにきて世界情勢が本当に変わってきたと思います。イスラムの問題、中国の問題、北朝鮮もウクライナもたいへんです。

東西の一方の超大国ソ連が崩壊して、そろそろ四半世紀(25年)。ソ連って非常にややこしい国でしたけど、ある意味あのややこしさによって世界秩序が成り立っていた。東側でヒドい抑圧をしていたけど、それなりに安定していたわけです。ところが、そのソ連が崩壊してしまって、かつてソ連邦で一つになっていたものが、バラバラに噴出してきた。いまは、その整理がつかない過渡期、一大変革期だと思うんです。

田原　その通り。ソ連が崩壊して、残る超大国アメリカの緩やかな支配で世界が落ち着くか、と一瞬思った。そうなりかかったんだけど、一気に噴出してきた民族紛争や宗教紛争がものすごく、制御できない。2001年9・11テロは、その象徴でしょう。報復としてアフガン戦争やイラク戦争をやったアメリカは結局、失敗して力を失ってしまった。

百田 同時に、科学技術も発展して、北朝鮮まで核や弾道ミサイルを持つようになってきた。小さな貧乏国でも核ミサイルを周辺国に撃ち込むことができる。こうなってきたら、世界の秩序は、もうむちゃくちゃです。

田原 ウクライナなんて国では、東部を部分的におさえているだけの武装勢力が、マレーシア航空機をミサイルで撃ち落とす。中東では武装勢力が「イスラム国」と名乗って、国境を越えた活動をしている。どうやら化学兵器を使ったようだし、その戦士に加わりたいという若者が先進民主主義国から駆けつける。そんな時代です。

百田 いや、ホントにもう、えらいことになっとりますねえ。仮に私がいま、世界を治める大独裁者だとしても、どうやっていいか全然わからないくらい、ややこしい。まして、日本を取り巻く状況はとりわけややこしいですよね。

戦略的に生きていく。日本人や日本国のことをまじめに考える

田原 日本になにより必要なのは、かつての戦争で情報戦を軽視して精神論で突っ走っ

たようなやり方を再現してはダメだ、ということだと思う。日本は基本戦略を徹底的に議論し、アメリカに対しても中国に対しても、戦略的に行動していかなければ。みんな仲よくすべきだから日米中は正三角形なんて子どもじみた発想では、とても生きていけない。日本は米中の狭間で、もっと戦略的に、したたかに生きていく必要があります。綱渡りのようなアクロバチックな戦術を駆使してね。

百田　そのとき、日本人や日本の国のことをもっとまじめに考えるべきだ、と私は思うんです。中国や韓国と日本の問題にしても、美しい抽象論や公平論を語る人が大勢おる。いったい日本人としての立場は、あるいは日本の国益は、どこにあるんや。

もちろん日本の国益だけを追求した結果、他国を貶めたり他国に被害を与えたりするのは、やったらあかんですよ。でも、他国と日本で両論があるときは、まず日本人としての立場を考え、その立場からものをいうべきでしょう。そうせずに、主語が誰かすらわからない美しい抽象論を語るだけでは、結局、他国を利することになってしまう。

田原　いやあ、あんまり利することにならないと思うけど。政府を批判していればよい時代は終わった。ともかく私は2013年7月の参院選挙のとき、野党の党首たちにアベノミクスの批判など聞きたくない。海江田ミクスなり、渡辺ミクスなり、橋下ミクスを打ち出すべきだといったんだけど何も出てこなかった。そして野党は惨敗した。メディアも積極的に提言、提案をすべきだろう。

非正規雇用が4割近い。日本経済は大丈夫か

百田 田原さんに日本国内の状況、とくに経済問題を聞いておきたいんですがね。いま非正規雇用者がどんどん増えている。労働者をどう扱うかは、ものすごく難しい。

田原 総務省「労働力調査」によると、日本の雇用者の数は2013年に約5200万人です。内訳は正規雇用が3300万で、非正規雇用が1900万。非正規雇用は36.7%と4割に近づいている。10年前は3割だった。

百田 これねえ、もう日本経済はどうなるのかな、と心配なんですけど。

田原 だから安倍晋三内閣が、その正念場に差しかかっているんですよ。

百田 雇用は切ったらたいへん、大失業者があふれてしまう。進むこと退くことも難し

い状況じゃないですか。この原因を作ったのは小泉さんだ、と私は思っているんです。

田原 みんなそう思っていて、小泉純一郎・竹中平蔵コンビが日本を悪くした、というんだけどね。基本的には避けることのできないグローバル化がそうさせた、と思いますよ。

非正規雇用の割合は85年15％、93年20％、03年30％とずっと増えている。小泉内閣で景気がよくなった退陣前の4年間（03〜06年）は2・6％しか増えておらず、しかも失業率を大幅に下げた。90年代の首相たちより非正規雇用や失業を極端に増やしたとは、必ずしもいえないわけ。それはともかく、「第二の小泉」である安倍晋三も、小泉さんのようにやろうとしている。規制改革や撤廃も、小泉流にやらざるをえない。そこはガンガンやるべきだ、と僕は主張しています。

百田 日本は、大丈夫なんですか？

田原 大丈夫ですよ。みんな若い連中はダメだというけど、僕は彼らにものすごく期待している。いま30代の若者が物心ついたとき、日本はすでに高度成長もバブル経済も終わっていた。そこからずっと不況やデフレ続きだから、彼らは大企業に就職しようなんて気がほとんどない。自分で作るしかないから起業する。彼らに期待しているんだ。

百田 日本人の性格が変わるには、たぶん100年以上かかる、と私は思うんですよ。だから、若い連中を昔と比べてどうこういうつもりもない。ただ、働きたくない若者が増えた。企業に入っても、ほんの些細なことで辞めちゃう若者が多い。そんな情けない若者をたくさん見ているわけです。

これは、ある意味で仕方ないと思う。というのは、日本がものすごく豊かだから。ある企業が月25万で社員を募集したら、人が全然集まらなかった。考えあぐねて「月収18万。残業一切なし。土日完全休み」で募集してみたら、ワーッと応募があったという話を、地方で聞きました。これって、親の家があるからですよね。

田原 パラサイト。この国は、よすぎるわけ。

――若い世代は「祖父母世代が頑張ったからこそ豊かなんだ」と知れ

百田　豊かだから、若い世代のそんな生き方も許される。その若い世代は、たとえば私たち昭和30年代生まれに対して「あんたら、子どものとき高度成長やったし、バブルの恩恵も被ったやろ。バブルがはじけた頃に生まれた俺らは、ずっと不況でリーマンショックがあって、ずーっとゼロ地点や」というわけです。

田原　それこそ「永遠の0」。

百田　「俺らは、なんにもない。貧しい！」と。でも、そういってるやつが、ブランドもののバッグからスマホを出し、メールを送ったりゲームに興じたりする。「そんな若者、世界にどこにおんねん！　自分らがどれほど豊かか、ちゃんとわかれ！　君らのおじいさんおばあさんが、70年前に焼け野原だった日本を、ここまで持ち上げたんだ。そのおかげでいま、あんたらは、ここにおるとわからんかい！」と、私は強くいいたい。

田原　僕なんか、まさに彼らの祖父の世代です。とにかくね、食べる物がなかったんだ。僕の実家は農家じゃなかったからね。野原に行って「この草、食えるかな」と食べる。悪い草に当たったときは下痢しちゃう。そういう生活をやったんです。

百田　『海賊とよばれた男』という小説を書いたとき、私は昭和20年当時の日本について丹念に調べました。はっきりいえるのは、昭和20年の日本が世界の最貧国の一つだった、ということです。国土が荒廃し、莫大な賠償金まで背負わされた日本の戦後は、ゼロというより大きなマイナスからのスタートだった。こんな国が復活できるとは思えなかった。でも復活した。これはすごい。

田原 駒崎比樹という30代の男がうまいことをいった。「われわれのはるか先輩たちに全共闘世代というのがあった。権力を倒すのだといって火炎瓶を投げたり、ゲバ棒をふるったりした。だが首相は1年ごとに代わり、企業は不況でリストラ、リストラ、倒すべき敵や頼りになる政治家や経営者もいない。だから自分で企業を興して、自分で状況を変えざるを得ない」。おもしろい現象だと思っています。

百田 私の考えは、ちょっと違うんですけど。現在の状況が続くうちは、いまの若者はダメだと思う。もうちょっと落ちなければ、復活できないんじゃないですか。もうちょっと落ちる前になんとかしてくれよ、と思うし、もうちょっと落ちたときは日本人の底力が発揮されるはずだ、とも思っていますけど。

日本人であることを忘れたエセ・コスモポリタンが多すぎる

田原 百田さんは、日本人や日本国のこと、その立場をもっとちゃんと考えるべきだ、といった。百田さんは、自分を「愛国者」と思っているの？

百田 私がそうなったのは、年齢いってからですわ。正直50歳を超えてから、日本人としてのアイデンティティをすごく感じるようになりました。やっぱり、この国はすばらしい。この国は永久に残ってほしいと思う。いまの日本人に偽善的なエセ・コスモポリタンが多すぎますよ。まるで日本人であることを忘れてしまったかのような。

田原 エセ・コスモポリタンのことを「良心的な人間」というんですよ。

百田 なるほど（笑）、そうかもしれません。

田原 僕も日本国を愛している。いままで日本人は不甲斐ないと思うことが多かったんだけど、3・11以後はとくに、日本人はすばらしいと思うね。

百田 その田原さんも、やっぱり若い頃は違う考えだったでしょう？

田原　僕は長い間、反政府というよりは無政府、つまりアナーキーでしたね。国も政府もないに越したことはない「必要悪」。社会主義ソ連がまったくダメなことは行ってわかったけど、だらしない日本政府も支持したいとは思わなかった。だから、アナーキー。

百田　アナーキーって、子どもですよね。

田原　うん、子ども。アナーキーでなくなったのは1990年代以降です。というのは、権力ってもっと強いと思って僕がガンガン突っ込んでいたら、海部俊樹さん、宮澤喜一さん、橋本龍太郎さんが、相次いで失脚しちゃった。こんなことやってていいのかと。しかも政治家や官僚たちがみんな「田原さん、どうすりゃいい?」と聞いてくる。そこで、政府も政治家もどうしていいかわからないんだ、批判ばかりしていてもダメだな、と対案を出すようになったんです。愛国者になったのは、だいぶ後だね。

――郷土と日本人を愛する。それが「愛国」だ

田原　いまは、3・11で日本人が見せたようなすばらしさを、もっと戦略的に世界に発信していくべきだ、と思っている。日本の古きよき歴史、伝統、文化なんかも。むしろ海外の人たちのほうが、日本のよさに気づいているでしょう。タタミの生活っていいぞとか、鮨はうまくて健康にもいいとか、別に日本政府がPRしたわけじゃないからね。

百田　日本人は、自分のすばらしいところはいわず、ダメなところばかり強調しますからね。とくに朝日に代表されるマスコミが、日本人はこんなにマナーが悪くなった、日本はこんな猟奇事件が起こる危ない国になったと、そんな話ばかりしている。

たしかに日本人のマナーは、昔と比べれば悪くなった。マンションの暮らしも、昔ながらの日本家屋の縁側に近所の人が腰をかけて茶飲み話をするような付き合いが失われ、住みにくくなった。でも、世界水準からいえば、日本は次元の違う高さです。いちばん礼儀正しい上客は日本人と、世界のホテルがいっているんです。日本人は、もっと自分に誇りを持つべきですよ。

田原　まったく同感です。だから、国を愛する「愛国」といっても、別に日本政府や官僚機構を愛するんじゃない。そもそも国というのは郷土、つまりふるさと。戦争に負けて心底思ったのは、やっぱり「国破れて山河あり」でしたよ。

百田 そうでしょう。国とはなにかといえば、やっぱり国土や郷土、そしてこの地に一緒に住んでいる同胞ですね。

田原 そう、郷土と日本人です。それを愛するのが愛国です。

百田 だから私は、国歌を歌うなとか、国旗に敬礼するなという主張が、まったく理解できないんです。そんな馬鹿げた主張をする人がいるというのが信じられない。

田原 ただ僕は敗戦後、「国歌は変わる。新しい国歌がつくられる」と思っていたなあ。歌詞が科学的に矛盾しているし、戦争中に何かといえば「君が代」でね。抵抗感があった。でも結局新しい国歌はつくられなかった。国歌でも対案を出さずにやめろというのは無責任だ。

百田 アメリカのような人種のるつぼのような国でも、国歌が始まるとみんなすっくと起立して歌いますから。

田原 胸に手を当ててね。サッカーのワールドカップや日本代表戦でも、日本の若者たちが違和感なく歌っているじゃないの。「入学式や卒業式で歌うな」なんて主張は、もう終わりですよ。

百田 テレビで大写しになるから、選手はみんな歌詞をちゃんと覚えとかんかい！

田原 まあまあ、それは百田さんの高校だって「きみがよおうは」だからさ。

百田 そうやった（笑）。

田原 いや、楽しかった。長時間ありがとうございました。

百田 いやいや、こちらこそ。田原さんのハートの強さを見直しました。ありがとうございました。

おわりに

「田原総一朗さんとの対談をやりませんか」

2014年の春、KKベストセラーズの編集者から、そのオファーを受けた時は耳を疑った。私の中での田原さんというのは「ばりばりの左翼」のイメージで、私とではとても話が噛み合わないに違いないと思ったからだ。私は世間的には「右翼」で「保守論客」と見られている。それで、編集者は「右と左が侃々諤々《かんかんがくがく》とやり合う」本でも作りたいのかと思った。

しかし、ここであらためてはっきりと書いておきたいことがある。それは、私は「右翼」でも「保守」でもないということだ。私は「愛国者」である。右も左もない。私が愛するのは、祖国「日本」であり、この国を愛する人たちである。反対に私が憎むのは、「反日」と「売国」である。

戦後、日本人はGHQ（連合国軍総司令部）が植えつけた「自虐思想」によって、日本という国を愛せないような国民に変えられてしまった。これは「ウォー・ギルト・インフォメーション・プログラム（War Guilt Informati on Program)」と呼ばれるもので、日本人に「自分たちが悪かったのだ」と思いこませた。またGHQは、日本軍はこんな悪いことをしたという番組も作らせた。脚本も演出も実はGHQ制作でありながら、NHK制作と見せかけた卑劣なものだったことが、対談中に田原さんが語っている。

こうした主張に本来なら日本のマスコミが反対の声を上げなくてはならなかったが、当時の新聞も雑誌もGHQの厳しい検閲下にあり、彼らの意に反することを書けば、たちどころに発禁処分となり回収を命じられ、責任者は処罰された（最も重い刑は沖縄で重労働5年）。

こんな状態が10年近く続き、日本人の心に「自虐思想」は浸みこんだ。GHQの検閲の恐ろしさは、それが終わって60年以上経った今も、実は日本人の心に根強く残っている。たとえば「大東亜戦争」という言葉はGHQが使用を禁じた言葉の一つだが、平成26年の現代においても、多くの人は「大東亜戦争」という言葉を訊くと、何かそこに「右翼」的な響きを感じるのではないだろうか。これはまさにGHQの検閲の恐怖の記憶がこびりついている証拠である。

そして、この「自虐思想」を背景にして、超反日集団である「日教組」が、国旗と国歌を敬ってはいけないという指導を子供たちに行なった。そのせいで、かつては正月や祝日には普通に目にした「日の丸」もほとんど見なくなった。学校の卒業式や入学式でも「君が代」を歌わない学校も増えた。対談の中でも語っているが、「君が代」の歌詞さえ知らない人がかなりいる。スポーツの国際大会で「君が代」が演奏されても歌えない選手が少なくない。おそらくこんな国は世界中で日本だけではないだろうか。

本来「愛国者」という言葉は、誇り高い言葉であるはずだ。にもかかわらず、日本においては、その言葉はしばしば「右翼」あるいは「偏狭なナショナリスト」という受け取り方をされる。

話が大分脇にそれたが、私は「日本の左翼」が嫌いである。なぜなら彼らには日本を愛するという心がないからである。どこの国にも「右翼（保守）」と「左翼（リベラル）」がいる。しかし諸外国には、政治的に対立しても、「国を愛する」という基本精神は両者ともに共有している。しかし日本の「左翼」は違う。彼らの何よりのよりどころは、リベラルなどではなく、「反日」と「売国」である。だからこそ、「左翼系」新聞社は、日本と日本人を貶める「従軍慰安婦」や「南京大虐殺」の捏造報道を大々的に広め、「左翼系」文化人もそれを強く支持する。また「左翼系」野党は、ひたすら他国を利すような主張を繰り返す。

最初に述べたが、私の持っている田原総一朗さんのイメージは、典型的な「左翼系ジャーナリスト」だった。しかし、だからこそ対談してみようと思った。ケンカになって決裂しても、それも面白いと思って、オファーを引き受けることにした。

ところが、会って話してみると、思っていた人とはまるで違っていた。田原さんは会うなり、私の小説『永遠の0』の話になり、絶賛してくれた。しかも深いところまで読みこんでくれているし、映画との違いまで指摘されたのには感心した。さすがは元映画監督でもある。私の気分を良くしようと思っての発言だといった人もあったが、それはないと思う。

『永遠の0』の話から、話題は大東亜戦争についてのことになり、あの戦争とはなんだったのかということについて議論を交わした。大東亜戦争が侵略戦争ではなかったという意見の一致を見たことは、驚きでもあった。その後、戦後の「自虐思想」について語り合い、「韓国論」と「中国論」についても話した。

対談の中で多くの時間を割いたのが、「朝日新聞」についてである。戦後の日本のマスコミ界をリードしてきた朝日新聞は、日本人の思想そのものにも大きな影響を与えてきただけに、今回の対談テーマには欠かせない題材だった。

対談は何日にもわたったが、話してみて意外だったのは、田原さんとはいくつも共感するところがあったことだ。しかしすべての対談テーマで意見の一致をみたわけではない。見解がぶつかったことは何度もあるし、平行線のまま話が進んだこともあった。これは思想の違いというよりも、生まれ育った時代の違いの影響が大きかったと思う。

私は戦後生まれである。私の生まれた昭和31年は、経済白書に「もはや戦後ではない」と書かれた年だ。私の小学生から中学生にかけては、日本は世界的にも稀なる高度経済成長を続けた時代だった。東京オリンピックは小学校3年生のときで、万博は中学3年生のときだ。日本という国は素晴らしい国であり、輝かしい未来を持っているということを肌で感じながら育った世代だ。

一方、田原さんは小学校5年生のときに終戦を迎えた。それを境にして、すべての価値観がひっくりかえった。彼が一番ショックを受けたのは、教師の言うことが一夜にして一八〇度変わったことだったという。彼の思想の奥底には、多感な小学生時代に積んだこれらの経験がある。彼はその経験で「国家」というものを信じられなくなったという。また対談中でも明かしているが、彼は長い間、ある意味アナーキスト（無政府主義者）であったという。彼のこれまでの一見「反日的」「左翼的」な発言は、そうした思想が下敷きになっている。

そんな田原さんが、対談の中では、幾度となく左翼を批判する発言があった。まるで自分は左翼ではないといっているかのような口ぶりでもあった。これを柔軟と取るか、変節と取るかは、人によって変わるだろう。

もし近年になって若い頃からの思想を変化させたとしたら、たいしたものである。「右翼」「左翼」にかかわらず、いったんその人の中で「ある思想」が固まると、それはまず変わることはない。「団塊の世代」がその典型的な例だ。彼らの多くは70歳近くになっているが、20歳くらいの時に身につけた思想をいささかも変えていない。50年前とは、日本を取り巻く状況や、国際社会が劇的に変化したにもかかわらず、そうした情報さえ上書きされていないように思える。また多くの「左翼」的ジャーナリストや文化人は、20年前、30年前と同じことを言っている。私の目には、彼らの時間はずっと止まっているように見える。彼らには「今」がまるで見えていないのだ。

しかし田原さんは時代の変化にいち早く気付いている一人であると思った。だからこそ、対談中に何度も「左翼批判」が飛び出したのだ。80歳というご年齢を考えると、これはすごいことである。話していて教えられることも多かったし、刺激もたくさん受けた。その意味でも、この対談は実にエキサイティングで楽しい時間だった。

ところが、2014年の対談の後、田原さんは再び左翼に大きく舵を取った。

それを如実に表したのが、2016年に行なわれた、「放送法遵守を求める視聴者の会」の代表である小川榮太郎氏との、放送法についての公開討論だ。放送法では、賛否が分かれるニュースについては、賛成意見と反対意見を均等に放送するという原則があるが、2015年、「安保法制」が国会で議論されている時、NHKを含む地上波のニュース番組では、左翼陣営が主張する反対派の意見が、放送時間の89パーセントを占めた。これはもちろん世論を反映した数字ではない。極めてアンバランスで、明らかな偏向報道だった。

小川氏は、タイムウォッチで計測したデータを田原さんに示したのだが、田原さんは偏向報道の事実を認めようとはせず、「それでも自民党が選挙に勝つのだから、テレビなんか影響力がない」という言い方で論点をずらした。小川氏がその見方に反論すると、「テレビは一〇〇パーセント権力批判でもいい」と言い切った。つまり田原さんは、テレビは左翼向けに放送してもいいと考えていたのだ。

ちなみに本書のまえがきで田原さんは、「国境なき記者団」が発表した「報道の自由度ランキング」で日本は安倍政権以来急速にランキングを落としているということを示し、報道の危機が迫っているように書いているが、私にいわせれば、日本の報道に政府の圧力があると考える方が不自然である。もし政府の圧力があるなら、「政府が進める安保法制」に反対する意見を89パーセントも放送できないはずだ。公共放送であるはずのNHKの「ニュースウォッチ」でさえ反対意見を68パーセントも放送した。田原さんはこの事実を知りながら、「国境なき記者団」という仰々しい名前を持つ団体のデータを出して、読者に逆の印象を与えようとしているかに見える。そもそもフランス人記者が作った団体がどうやって計測したのかも不明なランキングなど、重要視する意はない。

また2016年に安倍内閣が、日韓合意を踏みにじった韓国に対して、駐韓大使を引きあげさせた際も、田原さんは韓国側の立場に立って内閣のやり方を批判し、大使をただちに韓国に戻すように主張した。

田原さんは今もやはり、ばりばりの左翼だったのだ。「国の安全保障」や「日韓合意」よりも、「権力批判」こそが、彼にとって最も大事なものなのだ。私は軽い失望と同時に、若き日の「左翼洗礼」の強さをあらためて知らされた思いだった。

機会があれば、また対談の場を持ちたいと思うが、おそらくもうその機会は訪れないだろう。

百田尚樹

著者紹介

田原総一朗（たはら そういちろう）

1934年滋賀県生まれ。早稲田大学卒業後、岩波映画製作所に入社。東京12チャンネル（現テレビ東京）を経てフリーに。テレビ朝日系『朝まで生テレビ！』『サンデープロジェクト』、BS朝日『激論！クロスファイア』の司会をはじめ、テレビ・ラジオの出演多数。著書に、『日本の戦争』（小学館）、『塀の上を走れ 田原総一朗自伝』(講談社)、『変貌する自民党の正体』（小社刊）など。

百田尚樹（ひゃくた なおき）

1956年大阪府生まれ。同志社大学中退。『探偵ナイトスクープ』など人気番組の構成作家として活躍。2006年、『永遠の0』（太田出版）で小説家デビュー。本作品は講談社から文庫化され空前のベストセラーとなる。2013年『海賊とよばれた男』（講談社）で、第10回本屋大賞を受賞。2016年に映画化される。著書に『幻庵』（文藝春秋）、『カエルの楽園』（新潮社）、『雑談力』（PHP研究所）など。

39393

田原総一朗《たはらそういちろう》 百田尚樹《ひゃくたなおき》

愛国論《あいこくろん》

●——二〇一七年三月五日 初版発行

発行者——栗原武夫

発行所——KKベストセラーズ

〒170-8457 東京都豊島区南大塚二-二九-七

電話〇三-五九七六-九一二一（代表）

http://www.kk-bestsellers.com/

●印刷所——近代美術 製本所——積信堂

●——落丁・乱丁本はお取替えいたします。

定価はカバーに明記してあります。

この作品は二〇一四年一二月、KKベストセラーズより刊行された『愛国論』を加筆、訂正の上、文庫化したものです。

Printed in Japan ISBN978-4-584-39393-2